JN336577

衣食住からの発見

～調査地に向かう～

スノーモービルで調査地に向う南極調査隊．クレバス帯の危険を避けるためにリーダーが先頭になって，**GPS** で現在地とルートを確認しながら進む．**5** 章参照.

タンガニイカ湖をボートでマハレに向かう途中，湖畔の村をいくつか通過する．湖畔の人びとにとっては，村間の移動，漁業，農作物の出荷などボートが大事な生活の足．タンザニアにて，**7** 章参照．

衣

ケニア，マサイ系牧畜民サンブルのモラン（戦士）．赤い布とビーズ装飾がトレードマーク．コラム **2** 参照．

おそろいの服を着る女性たち．「･･･ なぜ自分の好きなデザインにしないのだろうかと思ったが、実際に自分でも服をつくるとその気持ちがわかったような気がした」．ブルキナファソにて，**4** 章参照．

野生チンパンジー調査スタッフの服装．棘のある植物や虫刺されなどから肌を守るため，丈夫な長袖の作業着を着用．雨期でも乾きやすい速乾性も重要ポイント．タンザニアにて，**7**章参照.

南極調査隊の服装．過酷な環境なので，耐久性とともに操作性も大切だ．**5**章参照.

食べ物を勧められたときにどうするか？タイ北部のカレンニー料理（瓜と魚の缶詰スープ）．**8** 章参照．

貴重な食材モンクサキ（猿の一種）に，はしゃぐ子ども．南米アマゾンにて，**1** 章参照．

食

南米アマゾンの先住民の村の食事風景．食べるときは男女に分かれて，座って料理を囲む．**1** 章参照．

エチオピア西南部の村の食事．固形食のハワラタ（右写真：ソルガムとトウモロコシの粉末を白玉団子状に丸めてモリンガとともに茹でたもの）などを食べるが，これだけでは腹が減るので，家に大量につくり置きした酒パルショータを各自で自由に飲む（下写真）．**2** 章参照．

サハラ砂漠南縁サヘル地域のおもな食事のひとつ，イシンク．穀物粉をソバがき状に調理したもの．写真ではモロコシを調理したイシンクに，バオバブのソースがかけられている．ブルキナファソにて，**6** 章参照．

住

南米アマゾンの村の風景．左手前は村営の売店．**1** 章参照．

できあがった私の家．
「・・・村の一員として溶け込んで調査をすすめるため，彼らの家屋とまったく同じ，土壁と藁葺の屋根がある一部屋の家を建て始めた．」
ザンビアにて，コラム **1** 参照．

月夜の牧畜民の村．エチオピアにて．**3** 章参照．

サンゴ礁の海につくられた人工島に暮らす人びと．津波や台風に対する不安はないのだろうか？ソロモン諸島マライタ島．**9** 章参照．

エチオピア西南部の村の風景．平野に比べて降水量の多い山地の斜面に集落がある．**2** 章参照．

南極調査隊のベースキャンプ．過酷かつ危険な環境下で隊員の生命を守るために，衣食住にはさまざまな工夫がなされている．黄色のドームはテント，左上はスノーモービル．**5** 章参照．

さまざまな「極食（きょくしょく）」のおかず．

極地用に開発されたフリーズドライ食料「極食」は，テント生活をきわめて楽しいものにした．コラム **3** 参照．

FENICS

Fieldworker's Experimental Network for Interdisciplinary CommunicationS

100万人のフィールドワーカーシリーズ

衣食住からの発見

佐藤靖明・村尾るみこ 編

古今書院

11巻のフィールドワーカーの調査地

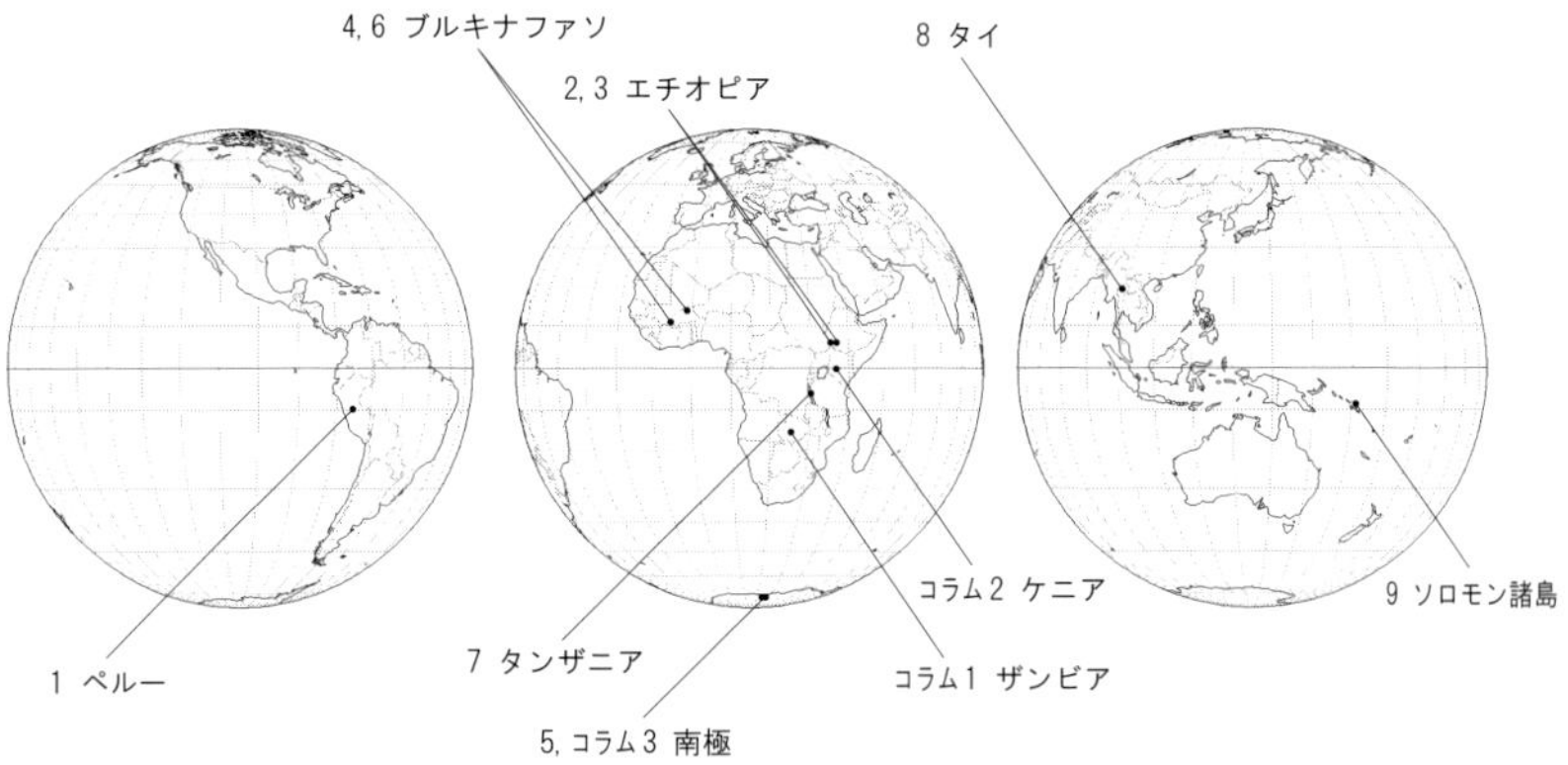

Million Fieldworkers' Series vol. 11

Discovery in the Field Life

Edited by Yasuaki SATO, Rumiko MURAO

Kokon-Shoin Publisher, Tokyo, 2014

FENICS

100万人のフィールドワーカーシリーズ　創刊にあたって

フィールドワークは、世界中に自らおもむき世界を探究する方法である。現在日本にはさまざまな分野でフィールドワークを行うフィールドワーカーたちがいる。彼らは世界中で得難い経験を積み重ねてきた。だが、その経験は残念ながらあらゆる分野や学界・産業界の壁を越えて広く伝わっているとは言い難い。

このシリーズを企画したのは研究者フィールドワーカーたちが立ち上げたグループFENICS（Fieldworker's Experimental Network for Interdisciplinary CommunitieS：NPO法人として申請中）である。フィールドワークに興味がある人、これからフィールドワークをしたいと思っている人、ほかの分野のフィールドワークの知識や技術を学びたい人、フィールドワーカー同士で役立つ情報を交換したい人すべてに、私たちの経験を届けたい。そんな思いをもつ私たちの活動に賛同してくださった古今書院の関秀明さんのバックアップにより、15巻に及ぶ、あらゆる分野を横断するフィールドワーカーシリーズが発刊される運びとなった。

私たちFENICSは、フィールドワークの方法や視点、思考を互いに学び議論しあい、また地域に特有な情報、経験知などを交換したい、と活動し始めた。立ち上げにかかわったのは自然地理学、雪氷学、社会−文化人類学、人類生態学、民族植物学、地域研究といった、まさに分野を横断するフィールドワーカーたちだ。人が人をつなぐことで出会った私たちは、それぞれのフィールド話、研究活動の話に湧き、ネットでは得られない情報を、そして生きるエネルギーをお互いもらってきた。この知的興奮を、研究者の世界だけに閉じず、もっと多くのフィールドワーカー、さらに外の世界に関心のある産業界をはじめ幅広い方々に伝えたい。そしてFENICSの輪に入ってもらい、ともに経験したい。そうすればフィールドワーカーの計り知れない豊かな経験知があらゆる分野、業界につながり新たなもの／モノを作り出せるのではないか――。そんな希望を、私たちは持っている。

本シリーズは、まさにそのはじまりである。フィールドワーカーになりたいあなた、他分野から異なる発想を得たいあなたも、ぜひFENICSのムーヴメントに参加しませんか（くわしくは巻末の奥付をごらんください）。

FENICS代表　椎野若菜

イントロダクション　衣食住からの発見

佐藤靖明　＆　村尾るみこ

フィールドでの日常

本書のテーマは、世界各地で調査を行うフィールドワーカーが過ごす日常、つまり「衣食住」についてである。彼らが滞在先でどのような日常生活を送っているのかを紹介するとともに、そこでの経験が研究の展開とどのようにかかわっているのかを考えていく。

フィールドワーカーが現地に滞在する期間は、ときとして数カ月から1年にも及ぶ。そのとき、何処で寝て、何を食べて、何を着るか…といったことが大きな問題となって立ちはだかる。フィールドワーカーは生身の人間であるから、現地で1日24時間ずっと調査をしつづけることは不可能である。むしろ、慣れない土地でなんとか寝床を確保したり、普段とは違ったものを食べたり、身なりを整えたりすることに多大な時間と労力、精神力を費やしているというのが実情である。

衣食住は、「着ることと食べることと住むこと。衣服と食物と住居。生活の基本的な要件。」とされる（三省堂大辞林より）。本書の文脈に沿って言いかえれば、衣食住は「フィールドワーカーのフィールドでの生活にとって欠かせない要件」となろう。観光旅行ならば、「非日常」を楽しんでいるうちに終わりを迎えるのだが、長期にわたる調査生活はそれを通り越して「日常」での衣食住をこなすことになる。研究を成り立たせるデータの収集という使命を無事にはたすための前提として、安全かつ快適な場所を探して、物理的にも社会的にもよりよい生活のパターンをつくることはきわめて重要だ。

しかし、フィールドでの衣食住は、研究や調査自体とはあまり関係のない二次的で個人的な事柄であるともされてきた。そのためか、現地での生活技術や身の処し方にかんする知識は、これまであまり積極的に共有されてこなかったように思われる。さらに言えば、同じ分野はまだしも、異なる分野の研究者同士ともなると、フィールドで生活する姿から学ぶチャンスは稀であった。もっとも、フィールドワークのスタイルは地域や分野によって異なるうえに、個人の性格、資質や（現地の人との出会いなどの）運によるによる側面も強い。現地社会への溶け込み方や厳しい環境下で生活する方法についても、しばしば職人技的な部類のものとして考えられてきたことも確かである。

その一方で、人文・社会科学、自然科学を問わず多くの分野では、遠くの場所に行き、そこに身をおいて調査を行い、オリジナルなデータ（一次資料）を手に入れるというフィールドワークの手法は重要視され続けている。さらに、その結果を知的な源泉とした学際的な議論も進められている。フィールドワークの可能性を広げるために、フィールドワークの要件であり、ひいては研究全体に影響を及ぼす現地での衣食住のあり方についても、地域や分野の垣根を越えて学び合うことが必要かつ有効な時期に来ているのではないだろうか。

そこでこの本では、文化人類学、生態人類学、霊長類学、地域研究、地質学の第一線でフィールドワークを行っている研究者に、かれらが現地で送っている生活の一端を書いてもらうことにした。まず、できるだけ異なる自然環境の下での暮らし方を読者に知ってもらうために、フィールドはアフリカ大陸の森林やサバンナ、サヘル地域、南アメリカの熱帯雨林、南太平洋の島々、そして南極大陸といった多様性をもたせることにした。また、過酷な自然条件下での調査だけでなく、特殊な社会状況下でのフィールドワークにも注目し、アフリカ都市、難民キャンプ周辺、紛争地での調査生活の実態についても紹介してもらうことにした。各章では、衣食住のいずれかを軸にして語られるとともに、一日の行動や食事内容といった情報も盛り込まれている。これらを読めば、各地域、各分野での調査生活の具体的なイメージをつかむことができるだろう。

こうした本書がもつ第一の特徴としては、世界各地の調査地特有の苦労や失敗などの実体験が豊富につづられつつ、各フィールドワーカー独自の衣食住の営みが示されている点が挙げられる。当然のことながら、研究者はなかなか自分の失敗を語りたがろうとはしないものである。しかも、日常生活はプライバシーにもかかわるので、わざわざ公開する必要性を感じない人も多いだろう。しかし、確立された生活スタイルだけでなく、試行錯誤のプロセスに焦点をあてることによって、フィールドワークの困難さや面白さ、限界や可能性をより深く考えることができる。ここでの内容は、フィールドワークの経験者にとっても、フィールドワーカーを志している人にとっても参考になる点が大いにあるはずである。読者には、著者らが身を挺してつかみ取ってきた衣食住のノウハウを本書からいわば「盗み取って」、未来のフィールドワークに生かすことを期待したい。

衣食住の場から研究を照らす

本書の第二の特徴は、フィールドワークの日常における現地の人や自然とのやりとりが研究の進展とどのように関係しているのかを描き出していることである。現地調査の経験を積んだ者なら、対象としての自然や人間社会に生で触れるフィールドワークにおいて、調査時とそれ以外の生活時間がまったく独立していると考えることがむしろ非現実的であることは、容易に想像できるだろう。

わかりやすい例をいうと、まず、調査地の人びとと「同じ釜の飯を食う」ことを通じて、調査に必要な信頼関係がつくられていく。また、フィールドでの暮らしのなかで、五感を通じたさまざまな振る舞いや試みが、自分の調査に思いがけないプラス効果やマイナス効果を与えたり、次なる展開を見出すきっかけとなることもある。さらには、フィールドでの衣食住の場は、調査者と被調査者の関係、そしてそれを取り巻く世界の構造といった広い問題に気づかせてくれることもある。つまり、調査を始めた当初は自分の研究テーマと関わりがないと思っていたことからも、新たに知見を見出し、そこでしか習得しえない「何か」を得る。このことによって、研究対象を多様な側面からとらえなおし、新たな文脈での理解の段階へと向かっていくことが可能となるのである。

このようにフィールドワーカーは、フィールドに赴いたとき、自らの研究課題と絶えず向き合いながら、自身のもちこんだ価値観や思い込みなどを修正する必要に迫られ、自身の調査・研究計画を再編成しながら研究を進めようとする。このプロセスについては、たとえば文化人類学、地域研究などの分野でしばしば論じられてきた（『フィールドワーカーズハンドブック』日本文化人類学会監修、2011、『京大式フィールドワーク入門』京都大学大学院アジア・アフリカ地域研究研究科・京都大学東南アジア研究所編、2006など）。おそらく、他の分野でもフィールドでのさまざまな試行錯誤の営みが行われてきたことだろう。本書ではこのことをめぐって、フィールドでの日常の場面により焦点をあわせて、分野を横断したフィールドワーカーの視点から読み解くことに主眼をおいている。各章で繰り広げられる調査プロセスと衣食住の絡み合いを読んでいくと、研究をかたちづくるうえでフィールドワークでの日常がいかに重要かつダイナミックなものであるのか、そしていかに複雑な経緯をへてオリジナルな研究が生み出されているのかが思い知らされる。

とくにここでは、フィールドワークを通じた研究の再編成のプロセスに欠かせないこととして（1）フィールドの人びととの信頼関係の構築、（2）新たなテーマの開拓、（3）日常生活を支えるさまざまな工夫、（4）生活をとおして理解される自己と世界のつながり、という4点から、その具体的な諸相をとらえていくことにした。この4つのパートは全部で9つの章と3つのコラムから構成されている。章とコラムの内容はそれぞれで完結しているため、興味ある章から先に読んでいくことも可能であるが、調査や研究のプロセスへの理解を深めるため、パートごとに読み込んでいくこともできる。

このように、研究の過程という観点からフィールドワーカーの衣食住の場に注目して厚く事例を蓄積していくことは、学問分野の壁を越えた、さまざまな形での共働の機運を高め、新しい研究の可能性を見出す学術的取り組みにつながるかもしれない。本書がその大きな取り組みにむけた、ささやかな試みの書となれば幸いである。

Part I

信頼関係の構築

生活をとおしていかにフィールドの人びとと関係を築いていくか。私たちは普段の衣食住でも社会関係づくりやその維持を絶えず行っているが、とくに調査地では自身の研究生命をかけて、いわば逃げ場のない真剣勝負の場がつくられる。嗜好や価値観が激しく衝突するとき、調査者と現地の人びとの両者はどのように考え、ふるまうのだろうか。第1章（大橋）では開発の進むアマゾン社会での食の「ねだり」「おごり」めぐって、第2章（砂野）では酒が主食であるエチオピア農村における現地食への適応をめぐって、試行錯誤を重ねながら村人を理解し、彼らから信頼を得ていく経験が描かれる。

1 アマゾンの村での飲み食い

フィールドワーカーは「村人」になれるのか

大橋 麻里子
OHASHI Mariko

ビールをおごって!

「なんでわたしたちが何を食べたかのか聞くの? 何のために?」鋭いまなざしとともにその言葉は投げられた。わたしはヒヤリとした。相手の眼を見ずに話すこともあたりまえとされるこの村で、その視線の意味を考えざるをえなかった。昨日までなら、「バナナと魚だよ。マリ(筆者のこと)は?」とマルレは気軽に答えてくれていたのに。いよいよ、調査を続けるのがむずかしくなってしまったのかもしれない。

南米アマゾンの先住民の村で、当時修士課程の学生だったわたしは、人びとの食をめぐる実態を明らかにしようと思い数日間かけて食事調査をしていた(写真1)。白い煙がもくもくとヤシの葉の屋根からあがると調理が始まった合図だ。数分後に始まる食事の場面

写真1　集落と村営の売店(左手前)

を狙って、家々を訪問する。それから、みなが誰と何を食べているのかを確認しながら、食材は誰がどのように獲（捕）ってきたのかを尋ね、それらをノートに記録する。計50日以上の村での滞在をとおして、村人の言葉をろくに話せなかったわたしもようやく、食べ物に関する会話なら理解できるようになってきていた。そして何よりも村人と打ち解けつつあって、「わたしも少しは『村人』らしくなってきた」と自惚れ始めてもいた。

しかし、食事調査を開始して2週間が過ぎた２００９年5月20日、わたしはしでかした。村人との日常的なつきあい方における判断を誤ったのである。

その日は、元村長が都市部の病院で亡くなったとの知らせが、無線電波に乗って村へ届いた。彼は都市に住んでいて村に来るのが数年に一度だけだったが、村人の多くは彼の親族であった。主のいなくなった家に数人が集まり、そのうちに元村長を偲ぶ会が始まった。誰ともなく売店で瓶ビールを購入しては、使い捨てのコップに注ぎ、ひとりずつ順番に飲み干していく。生ぬるくて気の抜けたビールは、わたしのところにもまわってきた。今は亡き元村長の思い出話をしながら、みながともに酔っ払いと化していく。まだ村に入って間もない身であるわたしも、彼との一度きりの会話を思い返していた。もう彼と話すことはないのか・・・。

そのときである。「じゃあ、次にビールを買うのは・・・マリだ。お金をもっているでしょう。外国人だし」と誰かがいった。他の人もそれに続いた。「そうだ、そうだ。今日は彼を偲ぶ会なんだよ（飲もう飲もう）」。

わたしは不意を衝かれた。

当時はまだ、ねだられることが苦手だった。というのも、日本人であるわたしは「おごるよ」と自分からいうことは気前がよく格好いい振る舞いだが、「おごって」とねだることは格好わるいどころかむしろ卑しい行為くらいに思っていたからである。それでもようやく、村人のあいだで日常的な食材であるバナナや魚をねだることがあるのはわたしも理解しつつあった。しかし、そこに現金を介したねだりまであることは認識していなかった。おまけに、公の場でわたし自身が村人から直接にねだられたのは、そのときが初めてだった。何をどうしたらよいのかわからず、頭が真っ白になった。

わたしは下を向いたまま「もう行くよ」と呟き、その場を立ち去った。

うしろでみながぼそぼそと話し始めたのが聞こえ、同時にわたしの背中には矢のような視線が刺さるのを感じたが、そのまま家までの道を歩きつづけた。

当時のわたしは、すでに「少しは『村人』として認められつつあるのかな」という淡い期待を抱き始めていた。そうしたこともあって、「結局は、外からきた『よい金づる』と思われたのか」と酒をおごるようねだられたことにショックをうけた。それから思考は錯綜した。「安易に物を買ってあげるはよくないから、わたしの対応はまちがっていなかった」とか、「せっかくの集いだからビールぐらいはごちそうすべきだった」とか、おもには行為の正当化と自省という二つの作業をくり返した。

じつは、このときにわたしがビールをおごらなかったのは、「ねだることは格好わるい」という自分の倫理観だけはなく、当初わたしなりに考えていたフィールドワークのあるべき姿ともかかわりあいがあった。村に滞在させてもらったり調査に協力して情報を提供してもらったりすることの対価は、畑の除草や収穫の手伝いといった村のなかでの労働やそこからえられる資源で返すべきだと思っており、カネや購入品で払うことはしたくないと考えていた。村に入るときには、米や嗜好品といった食料や石鹸、衣類などをいくらか買ってもちこんでいたが、それ以上の物はあげないことにしていた。というのも、自分から村に市場経済的なやりとりをもちこまないことを、勝手にも自分のフィールドワークの原則としていたからである。いずれにしてもその晩は、明日からの調査は難航するかもしれないと憂慮して、なかなか寝つけなかった。

翌日、重い足取りのまま食事調査で家々を訪問しはじめた。

そして本章の冒頭で記したことが起きる。それまで親しくしてくれていたマルレから、その冷ややかな答えは返ってきた。まさに不安は的中したのである。

立ちすくんだわたしは「論文を書くためではあるけれども、そもそもみなの生活についてわたしは知りたいからであって・・・」と、しどろもどろになりながら言葉を探した。しかしなにを答えても、マルレは不満そうな顔をして「なんで？」としかいわなかった。

どうやら前日の元村長を偲ぶ会での対応が原因で、わたしは、カネをもっているのにビールを誰にもおごらない「ケチ」と村人のあいだで評されたようだった。しかも話はそれだけでは終わらなかった。じつは以前から「あの日本人はわれわれの文化を知り、それを出汁に金を稼ぐようになるだろう。それから村に何をもたらしてくれるのか」と、わたしが村に滞在することの意義が村の男性のあいだで議論されていた。そのようななか、元村長を偲ぶ会でのわたしの「ケチ」な対応があったために、そのお題は「あの日本人はわれわれの食事について知ることで学校を卒業をして職をえるだろうが、その収入を独り占めするだろう（村には何もしないだろう）」という結論にたどり着いてしまったようだ。あの場にいた人びとは、その日わたしを見るとそっぽを向き、わたしが食事について尋ねても厭々答えるか小さく首を横にふるだけだった。

アマゾン源流の人びと

わたしが２００８年から今まで通算７回通ったドス・デ・マジョ（Dos de Mayo）村（図1）は、

電気も水道もない人口１２０名ほどの小さな村だ。都市部のプカルパ市からは乗合船で20時間ハンモックに揺られて、それからカヌーで1時間ほどで村に到着するが、乾季であれば、川の水位が下がるのでさらに徒歩で数十分は歩く必要がある。人びとは数年ごとに耕作地を移動させる焼畑をしながら主食になるバナナやキャッサバイモを栽培し、支流や三日月湖で刺し網や釣り具、弓矢を用いて魚を獲る。狩猟もするが今では獲物がなかなか手に入らない。運がよければ、罠には世界最大のげっ歯類であるカピバラがかかったり、森を散策中に前を横切るリクガメを捕まえたりして、夕食のおかずをえることができる。

村の生活は自然資源に依存しているが、市場経済と無関係なわけではない。収入をえるためにトウモロコシ栽培や出稼ぎもしており、購入品の米やパスタも食べている。最近では味の素やウコンを料理に使うのが一種のステイタスにもなっている。村人は、アマゾン川の源流の一つであるウカヤリ川沿いに住んでいるシピボとよばれる人たちであり、この地域では最も早い１９６０年代に西洋文化の強い影響を受けた（Herm 1992）。アマゾン先住民のなかでは、唯一カラフルなピンクや水色といった既製品の布を「伝統」衣装に用いており、ファッションにおいては、市場経済と無関係どころか、彼らは新しい物を積極的に取り入れてきた、いわば「ハイカラ」さんなのである。

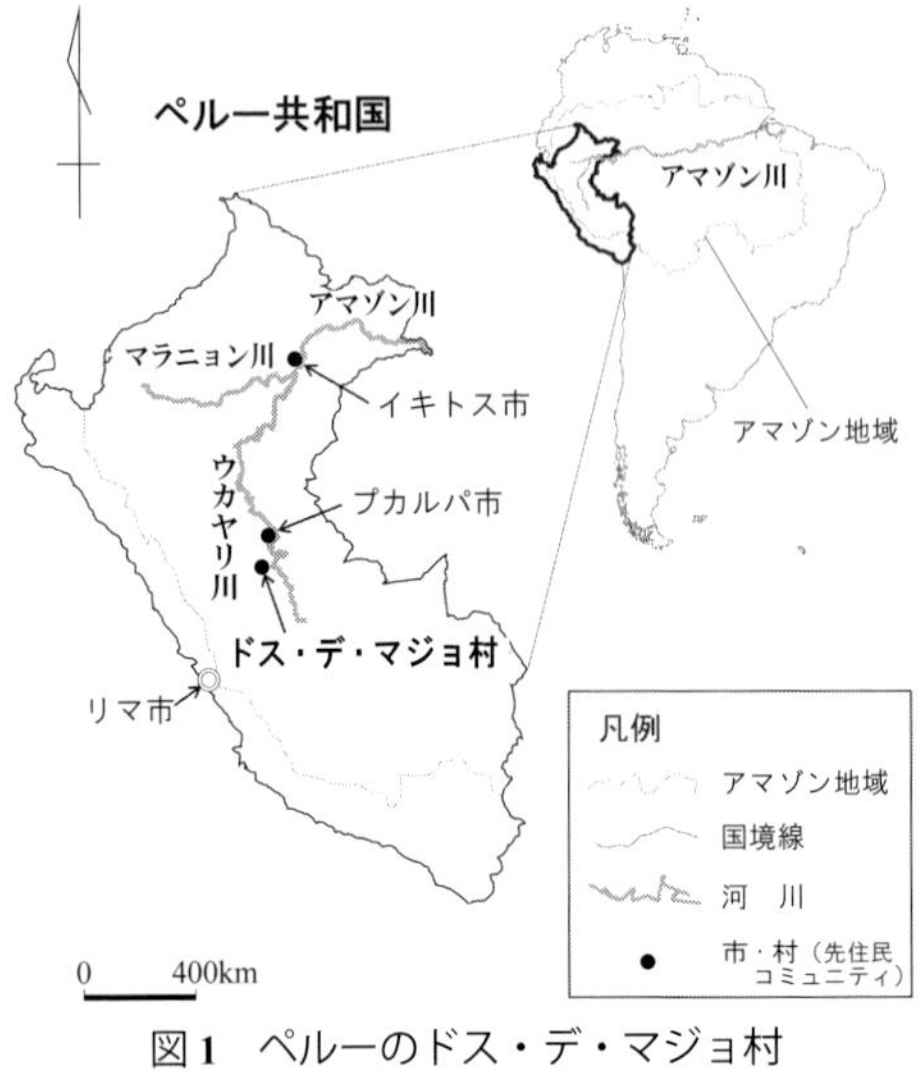

図１　ペルーのドス・デ・マジョ村

アマゾンは、概して「文明」との接触が希薄な地域というのが一般的な理解であり、じっさい「文明未接触」とされる集団の「保護」活動が行政組織によって実施されている。しかしその他の多くの先住民社会が、行政あるいは木材や石油関連の企業といった外部者との直接的な接触をもってきた。近年の例でいえば、世界最大の熱帯林は「二酸化炭素吸収源」や「遺伝資源の宝庫」といったグローバルな認識にもとづく「環境保護」の対象となり、その実現を目指す開発援助機関や行政それに研究者などが先住民の村々にこぞってやってきている。シピボは、多様な食材を用いそれを他者とともに分かちあう共食によって消費してきたといわれてきた（Bergman 1980）。しかし、こうした外部社会との接触でこれまで利用してきた獣肉や魚はここ20～30年のあいだで減少し、その共食の文化も変容している（Behrens 1992, Ohashi et al. 2011）。わたしはそうした実態を探るべく、村に通いつづけている。

「村人」気分で過ごす毎日

アマゾンに足を運ぶきっかけとなったのは、じつは個人的な憧憬とも関係する。生まれてから日本の都市でくらしてきたわたしは、どこかで大量生産された衣を纏い、どうつくられたのか明らかでない食品を体に取り込み、隣人がいつ帰宅したのか気がつかない集合住宅に住まうことを煩慮するようになった。誤解をおそれずに端的にいってしまえば、市場経済から離れて自然のなかで棲むという、いわゆる「原始的な」生活を熱望したのである。

現地に入り込んで、村人から自然のなかでくらすための技術を習得して、「村人」になる——。どこかの現地の集団の一員になることは、人間社会を対象とするフィールドワーカーを目指す者が抱えるある種の憧れといってもいいだろう。わたしもそうした想いを抱えるひとりだ。とはいえども、村に入りたてのころは、いくつも学ばなければならないことが待ちうけていたのだった。

初めてドス・デ・マジョ村を訪れたとき、壁のない高床式の住居を構え畑からバナナを収穫して川で魚を獲って食べている人びとの生活は、わたしにとっては「豊かさ」そのものだった。だが、わたし自身が「原始的」な生活を追い求めるあまりに、村人が手製の土器ではなく既製品の鍋や皿を使っていたり都市で買ってきたお菓子や酒を兄弟であっても売っていたりするのをみては、心なしかがっかりもしたのが本音である。

当時村の助役をしていたホセの家にわたしは居候することになった。ホセのことを「おとうさん」、その妻であるメチを「おかあさん」とよばせてもらい（写真2）、わたしはこの家の長女となり、8人の弟妹ができた。わたしは基本的にはこの家族と一緒に生活をともにしている。

写真 2　居候先の両親
おしゃれな「伝統」衣装（左）.

表1　一日のタイムテーブル

4:00	村内放送で目覚めるが二度寝
5:00	起床 . 家のまわりを掃除
5:30	妹たちと井戸へ水汲み
7:00	家族と朝食（茹でバナナと魚のスープ）
7:30	他の家に遊びに行く
9:00	家族と畑へ（カヌーで移動 , 除草と収穫）
15:00	帰宅
16:00	川で子どもと水浴び
17:00	村人・子どもがするサッカーを見学
18:00	家族と夕飯（焼きバナナと焼き魚）
18:30	井戸端会議に参加
19:30	蚊帳に入ってフィールドノートの整理
21:00	就寝

それでは、「村人」気分で生活する一日を紹介しよう（表1）。

「テスト、テスト。おはようございます。今日もドス・デ・マジョ村に朝がきました」と村に設置された村内放送機で話す村人の声で起こされるが、外はまだ暗い。村人の声を子守唄に再びまどろんでは夢と現のあいだを行き来する。夜明けとともに1時間ばかりの村内放送での演説が終了し、みな蚊帳を折りたたんで一日の準備を始める。刺し網を回収して魚を獲りに行ったり、家のまわりを掃除したり。わたしは居候先の妹たちと一緒に、井戸まで水汲みに行く。家では食事の仕度のために火が起こされる。朝一番に体に入れるのは、黄色いバナナを湯がいてつぶしたバナナジュースだ。

朝食後、やることは日によって異なるが、たとえば畑に行くときは次のようなかんじだ。居候先の畑は集落から少し離れた川沿いにあるので、カヌーで行く必要がある（写真3）。2人乗りの小さいカヌーはバランスを取るのがむずかしく簡単にひっくり返るので、わたしは大きいカヌーに乗るようにみなに忠告される。それから魚がいるポイントを探しながら釣りをする。雨季は林だった川沿いが浸水するため、枝をかきわけながら木々のあいだを進むのだが、これが迷路を行くようで、冒険心を擽られる。一方で川の水位が下がる乾季は、集落から畑まで歩く距離が長くなるので収穫からの帰りはなかなかに苦労だ。重たいバナナを額に引っかけるようにして背負おうため、慣れていないわたしは首を痛めては後でおとうさんにツボ押ししてもらうことになる。

水浴びをして、夕飯後、日が落ちると個別の部屋が存在しない住居には大小さまざまな蚊帳が吊られる。わたしの蚊帳には妹も一緒に入る。といってもその前には、ご近所さんとの井戸端会議だ。洋服を片手に振りまわし、寄ってくる蚊を追い払いながら話す。バナナの実り具合や獲りそこなったアルマジロのことなど話題は尽きない。蚊帳に入ると、わたしは寝ころびながらフィールドノートの整理をするが、横にいる妹が噂話をするとそれを聞いてついつい笑ってしまう。「ハハーイ」。一度も笑わずに一日が終わることはない。

　こうして村にいるとき、わたしはだいたい村人と同じようにくらしている。しかし、村人として一人前なわけでは決してない。村の女性は身長１５０cmちょいのわたしを見上げるほどに背が低いけれども30kgを超えるバナナを背負って歩くし、煙たがらずにあっという間に調理用の火を起こしてしまう。ではせめて子どもと同じように、わたしは過ごせているかというと、それもまた疑わしい。一緒に釣りに行けば、わたしがようやく１匹釣ったときに、彼らはすでに20匹は手にしている。樹木にスイスイと登っては、熟した実を下にいるわたしに投げ与えてくれるが、わたしはそもそも登れもしない。村人気分で過ごしていても、わたしが一人前の「村人」になれる日はほど遠そうだった。

写真３　小さいカヌーで畑にむかう妹たち

調査で学ぶ食事の作法

こうしておもにわたしは居候先の家族とともに行動していたが、家の手伝いがひと段落すると、聞き取り調査を行うために他の家々を訪問をした。けれども当初、多くの大人はわたしと話そうとはしなかった。その理由は、わたしがシピボ語を話せないだけでなく、前述したように「あの日本人はわれわれの文化を知り、それを出汁に金を稼ぐようになるだろう」とみなのあいだで議論されていたためである。そのことについては、これまでも村の一部の男性から説明を求められたことがあった。わたしは「みなさんの生活を知りたいのは事実だが、この文化を商品にして金稼ぎをするつもりはない。とにかく自分もみなと同じように生活できるようになりたいんだ！」と、胸の内をそのまま伝えることしかできなかった。けれどもそれは、村人からするとあまり説得力のない答えだったと思う。

とにかく、うっとりするような村のくらしに毎日心躍らせながらも、弟妹に笑われ両親に怒られるなかで地道に彼らの言葉を覚えるしかなかった。するとそのうちに、居候先以外の人も「バナナの収穫に行ったの？　あなたは何房担いできたの？」と声をかけてくれるようになった。それはしだいに「日本には（調理用）バナナがないわけ？　じゃあ、わたしが行ったら食べる物がなくて死んじゃうわね」といった軽いおつきあい程度の会話に発展し、ようやく「あの子の父親は本当は別の人よ。ほら、今魚をあげた人ね」といった村の人間関係に踏み込んだ会話に入れてもらえるようになっていった。

こうして他の村人との距離も縮まったころ、「村人」になることを目指した生活を一時中断して、いかにも調査らしいことを始めた。というのも、当時のわたしは修士課程の学生だったために、論文を書かなければ卒業ができなかったからである。研究として求められるデータをどう取るかを考えたあげく、毎日16世帯を訪問して同じ質問をする悉皆式の食事調査を実施することにした。１日２回すべての世帯を訪問しては、食事時に「何を食べたか」、「誰と食べたか」、「その食材はどこから獲（採）ってきたか」という3つの項目を総じて押さえることで人びとの「食のあり方の今」を明らかにしようと思ったのだ。

調査を始めると毎日新しい発見があった。食事内容は主食のバナナにおかずの魚という組みあわせが最も多かった（写真4）。それから、出漁しなかったときには他の世帯に魚を分けてくれるように頼んでいることや、獣肉を口にできる世帯はおもには猟の巧い男性がいる場合に限られるなど、少しずつ食の事実の全貌に迫っていった。

食べるときには、男女分かれて座って料理を囲む（写真5）。食事中、わたしが近寄っていくと、誰かしらが「食べにおいで（シピボ語でフーマンピ）」と声をかけてくれた。それは本心からの招待というよりも形式的なあいさつであり、ある種の文化的「縛り」でもある。それがわかっていても、実際に声をかけられると日本人のわたしは「少しは手をつけないと失礼か」と余計なことを考えて、そのたびにつまみ食いをした。わたしが食事に加わると、年配の人びとは昔のことを聞かせてくれた。

「以前はたくさん動物もいたし獲れる魚も大きかっ

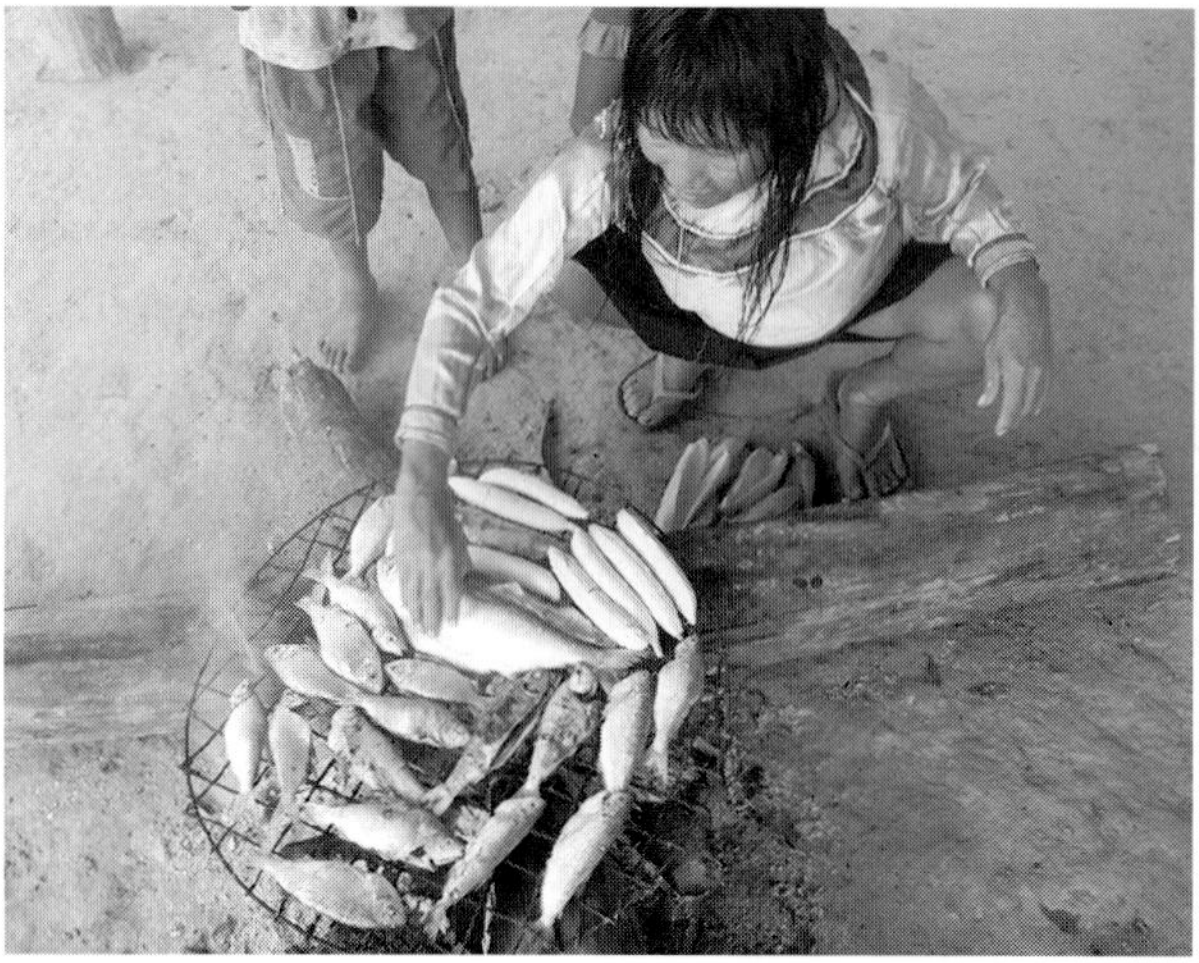

写真**4**　調理中のバナナと「骨ばかりの魚」

たから、料理ができあがると大声で『ピウーブッカンウー（不特定多数に対して食べにおいでの意味）』と叫んでいたんだよ。それを聞いてみな自分の家から料理をもってきて、一緒に食べたんだ。それが今ではこんなに小さな魚だよ。ケッ、〝骨ばかりの魚〟ね。他の人を招待したくてもできないね」。

村人がいうように、今では基本的に核家族の世帯単位で食べ、共食への声かけも近くを通りかかった人にだけ「フーマンピ（明確な相手に対して食べにおいでの意味）」とする程度である。声をかけられた方も素直に食べにくることはなく「アウアウ（わたし抜きでどうぞの意味）」と返事をして終わりだ。訪問者でも食事の時間になると「もう行くよ」とサッといなくなったり「さっき食べた」といって手をつけないこともある。当初は「食べにおいで」の声かけすべてに応じていたわたしも、食事調査をつづけるなかで、みなの食事の作法を見よう見まねで実践した。

写真5　食べるときは男性（左）と女性（右）に分かれて

調査は1日2回、3つの項目を押さえるにすぎない単純なものだったが、それでも一筋縄ではいかないことがしばしばあった。すべての世帯の食事を観察できれば理想的ではあるものの、時間やタイミングによってはそれもできず、後に聞き取りで補うことになる。そうなると、何を食べたか正直には答えてくれないこともあったからだ。たとえば夜中にこっそり食べたときなんかがそれだ。

村で最年長のおばあさんは、仕留めてきたホエザルを夜に人目を盗んで調理する。ところが、暗闇のなかで火にかざされたホエザルの影はとなりの家の蚊帳のなかからもまる見えである。翌日、わたしはそのおばあさんを訪問して「夜に何か食べたか」と尋ねるが、「食べていない」と彼女は白を切る。わたしは隣人から昨夜見た影についてすでに聞いているので、こちらも事実でないことを記録するわけにはいかない。どうすれば裏を取れるのか。逡巡の後にある駆け引きを試みる。沈黙がつづくなか「アー、ホエザルの足が食べたい」と呟いてみる。「ハッハーイ、マリには嘘つけないね」とおばあさんが白状すれば、駆け引き成功だ。

「足」という表現は、「少しでもいいから食べたかった」ことの意思表示であり、分けてくれなかった相手を咎める心緒が含意される。他者に分けなかったことがわかると「ケチ」として裏で評されると見越してか、おばあさんは食べた事実をわたしに隠したのだった。

飲み食いの作法と「ケチ」

そんな風に日常的に「ケチ」ることをはばかる人びとの村で、彼らの食事の作法を実践しながら調査を進めていたが、それとはまた別の、普段のつきあいにおいて、わたしは冒頭で述べたような失態を演じてしまった。元村長を偲ぶ会でビールを「ケチ」ったわたしは、食事の作法を身につけつつあったが、それを超えた飲み食いの作法に現金がどう組み込まれているのかまでは把握していなかった。

調査を実現するためには、まず調査対象者とのあいだで信頼関係をつくることが不可欠であるといわれるが、それはこの村とて例外ではない。わたしはただただ村の活動や仕事に参加することで、本気で「村人」になることを目指した。そして、必要以上に現金や既製品を提供することで、金持ちで気前がよくて便利な「よそ者」として村人から認識されてしまい、彼らとの関係性が固定されるのを恐れてもいた。しかしそもそも村では、状況や程度の差こそあれ、生業からえられる食料だけではなくカネで購入しなければ手に入らない既製品でも「あげられる物はあげる」という原則があった。とりわけ酒盛りの場においては、「金をもつ人」にビールを買うように他者が唆すのはあたりまえのことであり、むしろ金をもちつつも他者を招待しないことほど格好わるいことはなかった。あの場ではビールを買う資金のある人がみなの分を購入していて、外国人であるわたしにもその順番がまわってきたのは当然のことであった。

そして今となってわかるのは、たとえ「ケチ」であってもそれなりの振る舞いがあったことだ。それはみなと「ともにいること」を放棄せずに、その場に「いる」ことである。あのときのわたしは、それさえも拒んだ。よそ者だろうが村人だろうが、「ケチ」をすればそれなりの仕打ちをうける。「ケチ」なわたしの調査に、みなの協力する気は失せたといえよう。

さらにこのことから思い知らされたのは、わたし自身が市場の象徴ともされる「カネ」の存在に囚われるあまり、生業と市場を明確に区別しすぎていたということであろう。「原始的」な生活を追い求めるがゆえに、村に市場経済的なものをもち込むことをよくないと考えてはいたが、そもそも人びとが村での生活を成り立たせるなかでは前者と後者は連続しているものであったといえる。

ことをしでかした翌日、元村長を偲ぶ会にいた人を訪問しては、わたしは謝った。「ケチをしました。ごめんなさい」というと、みなは「ハッハーイ」とリズミカルに笑った。それはまるで「わかったのならよろしい」とでもいわんばかりだった。この出来事をきっかけに、わたしと村人の距離はまた少し縮まったように思えた。

「村人」になる技術と作法

食事調査をしていたときはできるだけ多くの食事の現場を押さえるために、集落内の家々をまわっていた。だから居候先のバナナの収穫や薪の運搬といった作業にもほとんど参加できず、わたしは「タダ飯を食う」に近い存在になっていた。そうしたこともあって、2011年2月に村へ戻ったときには、そうした申し訳ない気持ちから解放されるためにも、居候先の仕事を思い切り手伝った。すると今度は、他の村人から「以前は毎日家（ウチ）にきていたのに。さては他の家の人としゃべるなとおかあさんにしつけられたね？」といわれてしまった。思いがけず自分の行動によって居候先が批判される事態に慌てたわたしは、自分の考えを説明するとともに、食事調査をするわけでもないのに再び集落内をぷらぷらするようになった。

そんなこんなで、わたしは、朝から夕方まで家に一度も帰ってこない「ぷらぷらしている子（シピボ語でチャンカー）」といわれて、居候先のおかあさんに何度となく怒られた。もちろん他の弟妹も、わたしと同じように、家に遅く帰れば怒られている。しかしここにはひとつの大きなちがいがある。それは、おかあさんはわたしにだけは「ふざけながら」怒っていることだ。こうして、わたしと子どもたちとでは明らかに扱いが異なるのは、いくら村での滞在を通じて現地語を習得し生活に慣れた相手であるとはいえ、やはり彼らにとってわたしは村人とはちがうよそ者であることが認識されているからであろう。ではたして、そのちがいを超えて、よそ者であるわたしが「村人」に近づくことはできないのだろうか。

村の一員として認められるためには、単に家や村にいるだけではなく、自分の世帯の衣食住を成り立たせるための行動が求められる。実際に、村の子どもたちは小さいときから男の子なら漁（猟）に女の子なら洗濯といった仕事について行くように仕込まれる。わたしが最初に村に着いたときは、周囲の豊かな自然をいかに利用して衣食住を成り立たせるかという「くらしの技術」の体得こそが、アマゾンの先住民社会で「村人」になるために大切だと思っていた。だが、本章の冒頭で記したような失敗を経験するなかで、「ケチ」にならずに食をめぐって誰と分かちあうかといった、彼らの日常にある具体的な作法を学びながら、「人とどうかかわるのか」という「くらしの作法」を身につける重要性に気づいた。そして最近思うのは、よそ者がここの「村人」として認めてもらうには、具体的な「くらしの技術や作法」をどれだけ駆使できるようになったかという明確な合格ラインが必ずしも存在するわけではなく、それを会得しようと試行錯誤を重ねつづける、まさにそのことが求められることなのではないだろうか、ということである。

かつては村の食資源は豊富だったと、みなが口を揃えていう。それが１９８０年代には、村の周辺で商業漁業船が操業するようになり、村の土地である森林では商業伐採が開始された。こうしたなかで村人が獲れる魚や獣肉は減少してきた。それにともない他の世帯に分配するどころか自家消費分を確保することさえむずかしくなっている。だが、「自分（の世帯）だけが食べたこと」が他者にわかると「ケチ」と非難されるので、村人は食料の扱いに気をつかっている。その一方で、近年では、村には「住民の現金収入向上」や「森林保護」を謳ったプロジェクトが行政および援助機関によって導入されている実態がある。こうした外部者が持ち込む変化のなかで「自然をいかに利用して衣食住をなりたたせるか」という技術と「人とどうかかわるのか」という作法をめぐって村人も日々試行錯誤をしており、それらの「くらしの技術と作法」の動態を最近のわたしは追いかけている。フィールドワークは、わたしにとってみれば、まさに顔のみえる食生活が根づく自然のなかでのくらしがどういうものなのか、どうあるべきものなのかを考えつづける旅なのである。

夜明け前に始まる村内放送のあいさつで目覚め、日が昇れば井戸に水汲みに行く。枝の下をくぐり抜けて畑へ向かう。川で水浴び後、井戸端会議で昔話を聞き、妹とともに蚊帳に入る。こうして村での日々を過ごし、初めて村を訪問してから6年目、最近になってようやく「マリも自分の家をつくれ」といわれるようになってきた。住まいをもつことが一人前の村人がすべきことならば、わたしが「村人」になれる日がまた少し近づいたのかもしれない。月明かりが煌々とするなか、みなの話し声が聞こえる。「キャ、ハッハーイ」。

参考文献

Bergman, Roland W. (1980) *Amazon Economics*: The Simplicity of Shipibo Indian Wealth. University Microfilms International, Michigan.

Behrens, Clifford A. (1992) Labor Specialization and the Formation of Markets for Food in a Shipibo Subsistence Economy. *Human Ecology* 20-4, pp.435~460.

Hern, M. Warren (1992) Shipibo polygyny and patrilocality. *American Ethnologist* 119-3, pp.501~521.

Ohashi, Mariko, Toshio Meguro, Motomu Tanaka and Makoto Inoue (2011) Current Banana Distribution in the Peruvian Amazon Basin, with Attention to the Notion of "Aquinquin" in Shipibo Society. *Tropics* 20-1, pp.25~40.

2 酒が主食の農村で

砂野 唯
SUNANO Yui

悪魔祓いをされまして…

２００９年２月の木曜日、私は23年間の人生で初めての体験をしながら、「何これ。どないしよ!? ストレスで見えている幻覚やったらいいのに！」と願っていた。

私は、胸の前に鶏を抱えさせられて、部屋の中央に置かれた丸い木の椅子に座らされていた。そして、その周りを牧師と十数人の村びとたちとが、肘を曲げて腕を胸の前に突き出し、両の手のひらを上空に向けて左右にゆらゆらと揺らしながら、部屋中をぐるぐると回っていた。そのうえ、全員が定期的に「ルルルルルルル～」、「ヤッヤッヤッ」と奇声を上げながら飛び跳ねており、かなり恐ろしい状況だった。

どうやら、これは悪魔祓いの儀式であるらしい。私は食が細り苛立っていただけなのだが、彼らは私のなかに悪魔が入り込んでいると信じており、悪魔を懸命に追い出そうとしていた。私は、その光景を眺めながら涙ぐんでいた。

エチオピアで酒をつくり飲む人びとの生活を探る

私は、アフリカ農村で暮らす人びとが過酷な気候条件のもとで、どのように穀物を栽培し消費しているのかを明らかにするために、2008年からエチオピア西南部に位置するデラシェ地域のA村を繰り返し訪れ、農業や食事、貯蔵について調査している（図1）。この地域ではソルガム（日本で高粱(こうりゃん)ともよばれる雑穀の一種）が主要な栽培作物であり、人びとはこれを伝統的な方法で栽培、貯蔵、消費している。とくに消費方法は特殊で、ソルガムをアルコール発酵させた地酒が主食とされている。アフリカのなかでも地酒を主食としている地域は珍しく、この地域の食文化を明らかにすることはアフリカ大陸の食文化の多様さを示すうえで重要である。

デラシェ地域は、降水量の多い山地（山頂の標高2561m）と降水量の少ない平野（標高約1000m）からなる。山地では販売用のコムギやオオムギなどの穀物やキャベツ、ケール（日本では青汁の原料）、タマネギなどの野菜類が栽培され、広大な面積をもつ平野ではソルガムやトウモロコシが栽培されている。気候的には山地のほうが作物栽培に適しているが、平坦地が少ないうえに、山頂付近の斜面地では土壌流亡が進んでおり、耕作が可能な場所はわずかである。そのため、畑の大半は山地中腹の斜面や平野につくられている。

この地域の年間降水量は年による変動が激しく、しばしば農業に最低限必要とされる300㎜を下まわることがあるため、人びとは昔から耐乾性・耐病性に優れたソルガムを二期作してきた。そして、20年ほど前に幹線道路沿いにつくられた開拓村では、トウモロコシ栽培が導入された。現在、市場経済が浸透した幹線道路沿いの村では、降水量の多い2～7月でトウモロコシを、降水量の少ない8～11月でソルガムを二毛作している。その他の村では、いまだにモロコシ栽培が主流だが、トウモロコシ栽培も徐々に作付体系に組み込まれつつある。

　この地域には、道路や町から遠く離れた山地斜面にも集落がある（写真1）。こうした村は、石垣で何重にも区切られた石造りの城塞のようなつくりとなっているのが特徴的である。人びとは、収穫したソルガムやトウモロコシを村に持ち帰り、フラスコ状の地下貯蔵庫に貯蔵する。他のエチオピア農村では竹を編んでつ

写真1　斜面につくられた村

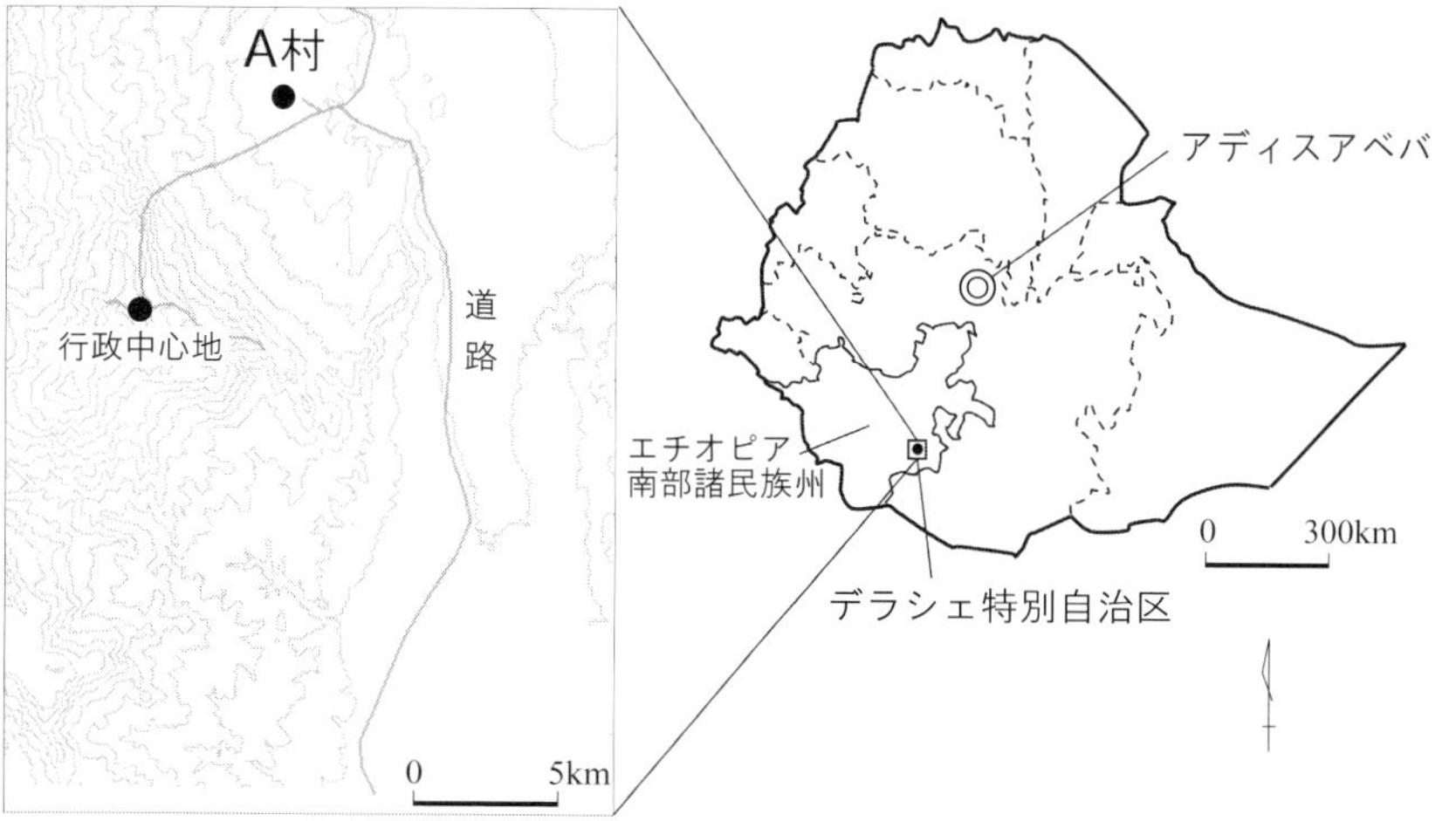

図1　エチオピアのデラシェ地域

くった高床式の地上貯蔵庫が使われるのに対し、デラシェ地域では地下貯蔵庫が一般的である。そこではトウモロコシは1年から最大2年間しか保存できないが、ソルガムはほとんど劣化させることなしに数年から最大20年間も貯蔵することができる。降水量が不安定なこの地域一帯では、数年に一度はソルガムの収穫が充分に得られず、飢饉が発生する。人びとは豊作の年に収穫したソルガムを地下貯蔵庫に保管し、数年間かけて少しずつ消費することで、数年ごとに訪れる飢饉の間の食糧を確保してきた。

人びとは、地下貯蔵庫から取り出したソルガムやトウモロコシを製粉し、モリンガやケールの乾燥葉粉末を加えてアルコール発酵させ、「パルショータ」とよばれる緑色のどろどろとした地酒をつくる。モリンガは平野で広く栽培されている樹木作物で、地酒や固形食の材料として頻繁に使われる。地下貯蔵庫から取り出したソルガムはアンモニア臭に似た匂いを発しており、茹でたり、焼いたりしただけでは匂いが残る。しかし、アルコール発酵させると、ぬか漬のような甘みを含んだ香りへと変わる。人びとは、このぬか漬のような香りを好んでいる。パルショータは、酸味とほのかな甘味、その他の雑味が混ざり合った複雑な味をしており、飲み込んだ後もしばらくは口のなかに味が残る。そして、この地酒は嗜好品としての「酒」ではなく、「食事」と考えられている。

酒を主食にすることの辛さ

パルショータは、そのままだと飲み物というよりはお粥のようであ

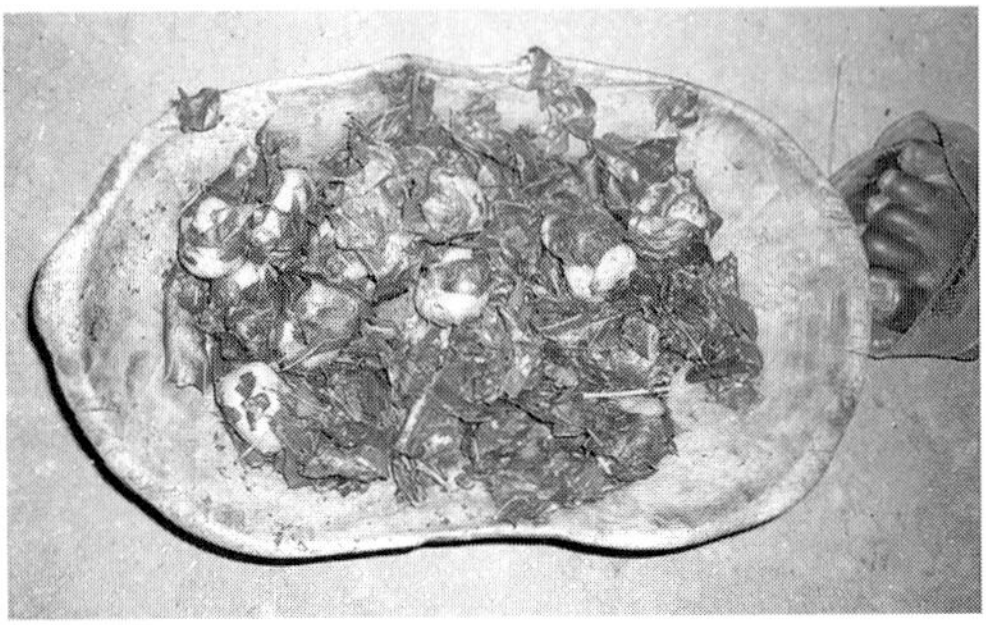

写真**2**　固形食のハワラタ

る。そのままでは飲み込みにくいため、人びとはこれに井戸の水を加えて、1・3～2倍に薄めてから飲む。水で薄めた状態でのアルコール濃度は、日本の缶チューハイと同じくらいの3～4％である。地酒は完成した後3日間保存することができ、多くの家では室内や台所に地酒がつくり置きされている。

人びとが家族で食事を取るのは、農作業がほとんどない時期は朝食と夕食、農作業が忙しい時期は夕食のみである。家族で食事を取るときには、ソルガムとトウモロコシの粉末を白玉団子状に丸めてモリンガとともに茹でた食事「ハワラタ」を食べる（写真2）。もしくは、ソルガムとトウモロコシの粉末を円盤状に固めて焼いたパンのような食事「キッタ」を食べる。ただしそれだけでは腹が減るので、家に大量につくり置きしてあるパルショータを各自で自由に飲む（写真3）。

写真3　酒を飲みながら談笑する男たち

人びとの1日の行動を観察したところ、カロリーを含む栄養の大半を地酒から摂取しており、これ以外の食事を取っているところは滅多に見られなかった。ちなみに30代の男性が1日にこの地酒をどれだけ飲むのかを調べたところ、水で薄めた状態で1日に平均4ℓも口にしていることがわかった。

調査にあたり、私はA村のある世帯に仮の「娘」として受け入れられ、滞在していた。この世帯には、60代の祖父母、20代の孫息子夫婦、10代後半の孫娘、まだ幼いひ孫2人が暮らしていた。私は、この家の居間の一画にベッドを置いて寝泊りし、家族と同じ食事をして過ごしていた。典型的な一日のスケジュールは表1のとおりである。現地の人びとと同じ食事を取って健康に暮らし調査を進めるためには、彼らと同じ量の地酒を飲まなければならない。しかし、滞在初期の私にはどんなに頑張っても1日に1ℓの地酒を飲むのがやっとだった。

この地酒をたくさん飲めなかった第一の理由は、どろどろとした液体を大量に飲む経験が足りなかったことにある。私は、日本では主食のコメに主菜の肉や魚、副菜の野菜類を食べる食生活を送ってきた。また、私は母親から、「よく噛んで食べなさい」といわれて育ってきた。しかし、この地酒は噛む必要がない。私は、これを人びとと同じように2倍ほどに薄めて飲んでいたが、ゼリーやヨーグルトとは違って飲み込むときにのどに穀物粉がひっつくような感じがして難儀だった。

第二の理由としては、常時3~4%のアルコール分を含むこの地酒を飲みながら調査をしていたことが挙げられる。じつは私は、日本では酒に強いと人からいわれ

表1　一日のタイムテーブル

6:00	起床する
6:30	家のなかや庭をほうきで履く
7:00	子どもや女たちと朝食を取る
7:30	各家庭に聞き取り調査，または畑へ行く
15:00	帰宅する
15:30	水浴び（近所の川で）へ行く，ついでに洗濯も行う
17:00	家の手伝い（綿花の糸紡ぎ，地酒づくり）をしながら，聞き取り調査を行う
18:30	夕食づくりを手伝う
20:00	家族と夕食を取る
21:00	フィールドノートを整理する
22:00	就寝する

ることが多い。ところが、A村にいるときは地酒を飲むとすぐに顔が熱くなってしまう。日本にいるときはデスクワークがほとんどであまり動かないのだが、A村に滞在しているときは調査をするためにほぼ一日中動きまわっている。地酒を大量に飲んで動きまわると、すぐに酒がまわってしまうのだ。酔っぱらっていては調査が進まないので、地酒をあまり飲まなくなってしまった。

第三の理由に、地酒のもつ〝ぬか漬け〟のような香りと、酸味や甘味、雑味の混ざったような味が苦手だったことがある。人びとは地酒の発するこの独特の香りを好み、家を訪問すると、地酒を1ℓ用のジョッキに入れて出されることが多い。私は気合を入れて、村の人びとまでとはいかなくても、なるべく多く飲むように頑張っていた。しかし以前、聞き取り調査のために1日で8軒の家をめぐったときは悲惨だった。1軒目では半分ほど飲めていた。しかし、4軒目では4分の1ほどになり、7軒目ではお愛想程度に口をつけることしかできなくなってしまった。そして、8軒目で地酒の香りを嗅いだ途端に気持ちが悪くなってしまい、部屋から走って庭に飛び出し、その場でもどしてしまった。

それからは、地酒の香りを嗅いだだけで吐き気がこみ上げるようになってしまった。そして、元々少なかった地酒の消費量はますます減っていき、1週間も経たないうちに、1日500mlも飲めなくなってしまった。A村に滞在してから9日ほど経つと、背中やぽっこりとしていた下腹のあたりの肉が落ちていった。川へ水浴びに行くと女たちから、「最近のゆいは頬や背中がぷっくりしていなくて不細工だ。太りなさい」といわれるようになった。私は、高校生の頃からダイエットしては失敗してリバウンドするというサイクルを繰り返していたため、痩せたといわれて有頂天になった。

しかし、だんだんと喜んでいられない状況になっていった。13日くらい経った頃から、皮膚が痒くなりだしたのだ。当時は、日焼けし過ぎたか、もってきていた化粧水や日焼け止めが合わないからだろうと考えていた。今にして思えば、これは栄養失調が肌荒れとなって現れていたのだろう。同じ頃から、肌だけではなく目まで乾燥するようになり、23日目には目が乾燥しすぎてコンタクトレンズが入らなくなった。入れたとしても、すぐに目が乾いて充血してしまう。さらに、調査のために日中に立ちっぱなしで聞き取り調査をしたり、畑の面積を測ったりしていると、頭から血の気が引くような感覚に襲われるようになった。私はもともと貧血になりやすく、日本でもたまに意識を失うことがある。そのため、この時点でも、また貧血だとしか思わなかった。また、同じころから、まだ言葉が上手く話せず意思疎通が上手くいかないこともあって、すぐにイライラしたり、落ち込んだりすることが増えた。

当時は、自分が異常な状態だとは思いもしなかった。しかし、これらの症状が重なって、しだいに調査に支障をきたすようになった。たとえば、片道3時間もかけて遠くの畑へ調査に行ったのに、身体がだるくて満足に動くことができず、畑に着くとただ畑に生えたマンゴーの木の下にうずくまっていることが増えた。残された調査期間は減っていくのに思うように動きまわることができず、データが増えないことへの焦りから、うずくまって子どものように泣きじゃくったことが何度もあった。感情が上手く制御できなくなり、体力が日を追うごとに落ちていった。38日目には、日中に歩きまわると頭痛とめまいに襲われて座り込んでしまうようになり、畑まで歩いていくことが難しくなった。私は、調査地で過ごしている間は日記をつけるようにしているのだが、その当時のことを読み返してみると、暗いことばかり書かれている。あるページには、何故かいちご大福の絵だけがでかでかと書いてあった。そのとき何を考えていたのかはあまり思い出せないが、その落書きはいかに食にかかわることで追い詰められていたのかを象徴しているようで、今改めてみるとかなり恐ろしい。

あまりにも体調が悪いので、一度町へ出て休養することも考えた。しかし、限られた滞在期間を調査村以外の場所で消費したくはなかった。また、私は渡航前にフィールドワーカーの先輩から「君には、村に住み込んで暮らしながら調査するのは無理だと思う」という厳しい言葉をいただいており、「ここで町に逃げ帰ったら、本当に向いてなかったことになるんやろうな…。当初の予定日まで村から出て行かずにここにいよう」と意地を張っていた。

始まった悪魔祓い

村での調査を開始して40日目に風邪を引いてしまい、ついにベッドから起き上がれなくなってしまった。私は、持参した風邪薬を飲んで熱を下げようとしたが、一向に熱が下がらず、咳や頭痛が収まらなかった。居間に置かれたベッドで一日中横になっている私の元へは、ひっきりなしに見舞い客が訪れ、そのままベッドの周りに座り込んで地酒を飲みながら話し込んでいった。私は熱で頭が朦朧としており、見舞い客の相手をすることができなかった。見舞い客は、そんなことにはお構いなしにベッドの周りに座って、見舞い客同士や滞在先の家族と一緒に楽しそうに何時間も話し込んでいた。日本では、病気で寝ている人がいると、静かにするように気を配るのが常識である。しかし、ここではそのような習慣はないらしく、村びとたちは寝ている私の横で唾を飛ばしながら大声で話し、楽しそうに笑っていた。来客の話し声や笑い声が響いて、熱で痛む頭が割れそうだった。はじめの頃は、居候の身であることとせっかく見舞いに来てくれたにもかかわらず起き上がることもできず、客人をもてなすことができない申し訳なさから、文句を言わずに耐えていた。しかし、だんだんと苛立ちが募っていった。

そんなある日、いつものように繰り返しおとずれる吐き気によって、何度も外につくってあるトイレとベッドを往復していた。吐き気がおさまり、トイレから出て部屋のなかへ戻ろうと家のほうを見ると、開きっぱなしのドアから相変わらず地酒を飲みながら談笑している人びとの姿が見えた。それを見て私の怒りは頂点に達し、近くにあった直径10㎝ほどの太さの木の幹を衝動的に両手で掴み、思いっきり揺らした。そして、「もう嫌や！頭痛い！ほんまに一人にして！みんなどっか行って!!何言ってはるんか、全然わからへんのに～！」と日本語で叫んで泣きわめいた。

ひとしきり木を揺すって大声を出したら、気分がすっきりした。頭がぼうっとしてきたので家に戻ろうと思い、ドアのほうを見ると、見舞い客や家族たちが開けっ放しのドアのところに鈴なりになって、無言で私を見ていた。私はとんでもないところを見られてしまったという思いで頭が真っ白になり、しばらく動けなかった。

まずは、この雰囲気を何とかしなければと思い、「違うの。これは大丈夫なのよ」とまったく意味をなさない言葉を現地語で話しながら、みんなのほうへ足を踏み出した。すると、今まで私のことを呆然と眺めていた2人の女の子が、「来ないで!!」と大声を上げて叫び、泣き始め、お世話になっている家のお祖母さんは涙を流し、頭を抱えながら「神様。神様」と呟き始めた。そして、みんなは口々に「悪魔だ。彼女のなかに悪魔がいる！」と言い、大騒ぎをし始めた。私は、みんなの誤解を解こうと必死に、「熱でイライラして木を揺すって叫んでいただけだ」と説明した。しかし、みんなは、「そんなことをする人間はいない」と言ってまったく信じてくれなかった。

そうこうしているうちに、村で唯一の牧師がよばれ、冒頭に述べたように近所の人びとによる悪魔祓いが始まった。しばらくは、事の深刻さにどうしたらよいのかわからず、ただすすり泣いていた。しかし、一向に儀式が終わる様子がなく、熱が上がり始めたのか、再び意識が朦朧とし始めた。そして、「もう悪魔づきでも狐づきでも何でもよいから、早く終わってくれへんかな…」と思い始めた。そこで、私は取りあえず悪魔が出て行った演技をすればいいのではないかと考え、「うっ！」と呻きながら胸を抑えてうずくまる演技をしてみた。抱きかかえていた鶏は、羽をばさばさばと上下させながら走って逃げて行ってしまった。人びとは、それを見てよりいっそう大きな声で「ルルルルー」と叫びながら、周りを跳ね回り始めた。私は上手くいくかもしれないと思い、しばらく床をのたうちまわったあとで立ち上がり、「どうしたの？ みんな？」と不思議そうな顔をつくって尋ねてみた。すると、悪魔祓いに参加していた人たちは、「悪魔が去った。感謝します。イエス様」と神に感謝しながら私に抱きついてきて喜んだ。私は、みんなに代わる代わる抱きつかれて胸がとても痛んだ。

悪魔祓いをされるに至り、さすがに早く風邪を直さなければと焦った私は、バスに揺られて町の病院へ向かった。医者から、とにかく肉と野菜をたくさん食べるように指示され、薬とクッキーのような栄養食品を渡された。私は、そのまま町の友人宅に泊まり、言われた通りに肉や野菜を食べて薬を飲んだ。すると、翌日の夜には熱がさがり、動きまわれるようになったので、３日後には村へと戻ることができた。

この村で生きるために

この出来事は、私に調査地での食事方法を考えさせるきっかけとなった。１カ月くらいならば、栄養が足りない食事が続いても調査はできそうだが、数カ月間も続くとなると難しい。A村で健康を保ちつつ長期滞在するためには、地酒を大量に飲むか、村人とは別の食事を取るかしかない。自分の食事だけ別に調理することも考えたが、この地域の食文化を明らかにするためには食事調査は避けて通れない。正確な情報を得るためには、人びとに信頼してもらう必要がある。そのためには、やはり同じ食事を取ることが望ましく、地酒を大量に飲めるようにならなければならなかった。

そんなとき、人びとの食事内容と摂食時間を観察したところ、幼児から14歳くらいまでの子どもたちは地酒だけを食事としているわけではないことがわかった。子どもたちはのどが渇くと水の代わりにパルショータを飲むが、朝食と夕食の他にも腹が減ると先述したハワラタ（団子）やキッタ（パン）を食べていたのだ（写真4）。そこで、まずは栄養失調にならないように、彼らと一緒にこの団子を食べることにした。私の滞在している家の子どもはまだ幼く、家には団子がなかったので、近所の子どもたちの団子を分けてもらうことにした。子どもたちは、私がこれまで調査に費やしていた時間帯である13～15時くらいに団子を食べていた。しかし、私は数少ない機会を逃すまいと調査よりも食事を優先することにした。彼らが団子をつまみ始めると必ず現れて一緒に食べさせてもらうようにした。これが功を奏して、体調不良の悩みからは解消されていった。

ところが大人たちは、成人している私が団子を大量に食べているのを見て、地酒がなくてひもじさに耐えられずに団子を食べている、と誤解した。この地域では、団子で腹を満たすのは子どもだけとされる。大人は地酒で腹を満たすものだと考えられているため、私が子どもたちと一緒に団子にがっついている光景を見て多くの人が驚いた。人びとは、「かわいそうに！そ

写真4　固形食を取る子どもたち

んなに腹が減っているのか!? うちに来て地酒を飲みなさい」、「うちには地酒があるから、わざわざそんなもの（団子）を食べないで地酒を飲みなさい」などと言って勧めてきたのである。私にとっては、「噛む」ことができて「ぬか漬のような香り」のしない団子のほうが、地酒よりもなじみのある食事に近かった。しかし、村びとにとって、団子はチーズや柿ピーといったおつまみのようなものであるらしい。

この地域では地酒が何日も家にないことは、日本人に例えるとコメが買えないくらい貧乏だったり、奥さんが怠け者で食事が出てこないのと同じらしく、非常に恥ずかしいことだとされている。居候先のお祖母さんや孫息子の嫁（S）は、私が近所で団子を食べているのを見て、困ったように笑っていた。何日かして、私がつけていたアシスタントの女性から、「Sが、人の家で団子を食べるのを止めるようにゆいに言ってくれ、と私に頼んできたよ」と聞いた。生きていくのに必死で、孫息子の嫁が嫌そうにしていることに気がつかなかったことに、私は深く反省した。アシスタントから注意されてからは、人目につかない場所で団子を食べるように気をつけた。しかし、そうすると団子にありつく機会が減ってしまった。

栄養面だけでなく、食をとおして子ども扱いされるようになった点も調査の障壁となった。それまでは聞き取り調査で家を訪れると、大人の男たちと同じように椅子に座るように勧められてヒョウタンやジョッキに注がれた地酒が手渡されていた。だが、団子を努めて食べるようになってからは、家を訪れても椅子に座るようには勧められず、地酒を手渡されることもなくなった。地酒をもどすまで飲まされるようなことがなくなったので、私にとってこの変化は一見喜ばしかった。しかし、なかには困ったこともあった。大人の男たちしか出入りできない場所に、出入りできなくなってしまったのだ。

デラシェ地域には、至るところに大きな木が植えられており、木の木陰には石畳が敷き詰められて〝モッラ〟とよばれる場がつくられている（写真5）。男たちは畑に行かない日の日中は、そこで地酒を飲みながら談笑したり、ゲームに興じたり、昼寝して過ごす。昔から、この石畳の上には大人の男しか上ることができないとされており、女性や子どもはそこに近づくことが禁止されている。はじめは、「外人」である私はデラシェ地域の女性や子どもとは異なり、男と同じように、石畳の上に上ることが許されていた。石畳の上では、どの畑にマンゴーがあるとか今はヤギが高く売れるといった日常の出来事から、新しい道路ができる話やどこの援助が入ってきそうかといった村や地域の運営に関する政治的な話など、さまざまな会話がなされている。私にとって、ここで聞く話は貴重な情報源となっていた。しかし、団子を大量に食べるところを目撃されてから、石畳の上に上ろうとすると、「ゆいはだめだ。家に帰って女たちといなさい」と言われるようになった。そして、けっして石畳に座らせてもらえず、会話にも入れてもらえなくなった。

私は食料を確保することに夢中であったが、大人の男たちの仲間に入れてもらえなかったことを

写真 **5**　男たちの集会所モッラ

深刻に受け止めて、本格的に地酒を食事にする訓練をする決意をした。そのためには、地酒を飲むことに慣れる必要があった。まず、地酒の摂取量が徐々に増えていく年代である5歳から15歳くらいまでの子どもたちの食事内容を観察してみることにした。すると、10歳に満たない幼い子どもたちは地酒を水で2倍かそれ以上に薄めていたが、10歳以上の大きな子どもたちは地酒を1・3〜2倍と大人たちとほとんど同じくらいにしか薄めていないことがわかった。どうやら、年齢が上がるにつれてアルコール分に慣れて、濃い地酒も飲めるようになるらしかった。そこで、私は注いでもらった地酒にミネラルウォータを加えて飲むことにした。また、地酒をなるべく多く飲むために喉が渇いた状態でいようと、ミネラルウォータをそれだけで飲まないようにした。そして、夕食の際に、できる限りたくさんの団子を食べてお腹を満たし、それ以外にはいっさい団子を食べないようにした。

ミネラルウォータを加えることで、地酒を苦手とする原因となっていたことのほとんどが解決できた。たとえば、穀物のどろどろとした酒ゆえの飲みにくさは、水を大量に加えるとお粥よりも液体に近い形状となるため、飲み込んだ時に穀物粉が喉に引っかかることがなく、喉越しがスムーズになった。また、酔っぱらうことに関しても、水を加えることでアルコール濃度が低くなっており、2ℓ以上の地酒を飲んで動きまわっても、まったく酒がまわらなくなった。さらに、地酒独特のぬか漬けのような香りや酸味と雑味が混ざった味が、水で希釈されてあまりしなくなった。そして何より、地酒が飲めないことによって子ども扱いされる問題が解消された。地酒を水で薄めているにすぎないので、実際に摂取している原液の量は変わらないが、他の人たちには私が大量に地酒を飲んでいるように見えるらしく、彼らの私への態度が親密なものになっていった。先に述べたように、私は男たちが集まる石畳へ立ち入り禁止になっていた。しかし、地酒を入れたペットボトルをもって何度もそこに通っていると、ある日、おじいさんが私に座る場所を開けてくれた。そのときは、嬉しさのあまり、思わず無言で小さくガッツポーズをとった。

受け入れられるということ

私は、子どもたちにならい、加えるミネラルウォータの量を徐々に減らし、大人たちと同じ濃度で地酒を飲めるように訓練していった。その甲斐あって、今では地酒を2倍に薄めたものを1日2ℓほどは飲めるようになった。もっともこれは、村びとが1日に飲む量と比べるとまだまだ少ない。

最近、親しい人びとは、私が家を訪れると地酒とともに団子を出してくれるようになった。私は、以前は団子にがっつくと除け者にされていたのに何故だろうと不思議に思い、アシスタントの男性に理由を尋ねてみた。すると彼は以下の話をしてくれた。

A村の近くに新しいアスファルト道路を通すための工事が始まってから、中国人の技術者が何度か村を訪れたらしい。1度だけ彼らはA村にテントを張って泊まったが、地酒を出して歓迎してもほんの一口しか飲まず、自分たちが持参したパンを食べていたらしい。アシスタントは、「ゆいは僕たちに合わせようと頑張っていたんだね。中国の人たちは、パンしか食べなかったよ。外の人にとっては、地酒ばかり飲むのは大変なんだね。これからは、地酒を飲んで団子も食べたらいいよ」と言ってくれた。私が人びとに受け入れてもらおうとしているのと同様、村の人びとも私を迎え入れようとしてくれていたのだ。たしかに、デラシェの外から来た私が完全にデラシェの人びとと同じ食生活を送ることはできなかった。しかし、今までやってきたことは無駄ではなかった。友人たちは私が同じように生活しようと努力する姿をみて、受け入れてくれていたのだ。

村びとたちが私の食生活に理解を示してくれたことによって、私は調査地で効率的に時間を使い調査を進めることができるようになった。慣れたといっても地酒だけの食生活は厳しいので、今までは村に着いてからはじめの1～2週間で身体を慣らしていっていた。しかし、最近は村びとが地酒を私に勧めず、団子を食べさせてくれるので、身体を慣らさなくてもすぐに調査を始められるようになった。

また、A村の人びとに私の食生活や事情について理解を示してもらい、親しい関係を築けたことは、広域調査をするうえでも役立っている。各村には、必ずといってよいほどA村の村人の親族やA村から嫁いでいった女友達が暮らしている。それらの村で聞き取りをする際は、必ずA村出身の人びとやその関係者が調査について来てくれるため、A村のときのように食事やその他のことで誤解を招くような事態になりにくく、昔とくらべて格段に調査しやすい環境のなかで過ごせている。

Column 1

家を建て、村に住まう

村尾るみこ
MURAO Rumiko

「あれ、隣の家の人はどこへ行ってしまったの？ 昨日の夜はいたのに」
「それが、今朝、引っ越していっちゃったのよ」

ある朝、突然いなくなった住人に気づいて、茫然とする。私は、そんな朝が日常茶飯事のアフリカはザンビア西部にある焼畑農耕民の村で、2000年以降フィールドワークを続けてきた。彼らは隣国アンゴラから紛争を逃れて移住した人びとであり、広い意味での難民である。私は、彼らの生活がザンビアへ移住した後どのように再編され、変化しているのかを人類学的に明らかにするため、生計活動を中心に参与観察や聞き取りをすすめてきた。より具体的にいえば、毎日、どこかの家や畑に訪問し、ある世帯が何をどう調理して、誰と、どのくらいの量を食べているのか、畑をどのように耕作して作物を育てているのか、といった行動やその行動とかかわる知恵について、朝から夜まで村のびとの生活に密着して教えてもらっていた。しかし、個人や世帯レベルでの生計に関しては調査が進んでいくものの、村外へ移動する人たちがあまりに多かった。移動する理由には、結婚や離婚から、いさかいごとなど、ときに錯綜した社会関係がある。私は調査を進めるに従い、彼らが流動的な社会関係を取り結び、世帯をこえてものを分け合う生計活動を追究することに徐々に不安を抱えるようになった。彼らの生計活動を、いかなる単位でとらえたうえで、どのように社会全体を把握すればよいのだろうか。村に家を建てたのは、ちょうどそんな不安が大きく膨らんだ頃であった。

当初、私は40人程度の親族が暮らす集落で、空き家や、ホストファミリーの家の一部を借りて住み、ご飯を食べさせてもらっていた。人の移動性が高いその村では、冒頭のように他村へ引っ越していく者もいれば、引っ越して来る者もいる。そうして人口が増えたころ、私は、ホストファミリーが寝たりくつろいだりする生活スペースをそれまで以上に圧迫してきたな、と感じはじめた（写真1）。そこでホストファミリーや仲のよい近所の女性たちと相談して、一軒家を建てる決心をした。フィールドワーカーが調査地で家をもつということは、安全で安定した生活拠点を築くことが目的となるのはいうまでもない。私は、「お金をもっている」外国人として目立たずに、かつ雨風をしのぎ、村の一員として溶け込んで調査をすすめるため、彼らの家屋とまったく同じ、土壁と藁葺の屋根がある一部屋の家を建て始めた。

家を建てる、といっても、もちろん私一人では建てられない。まず集落の長と、どのあたりに家を建てたらいいかを話し合って、泥棒に入られないよう、どの家からも見える場所に決まった。そして、やりくり上手なホストファミリーのお母さんは、腕がよく安く家の骨組みを組んでくれる男性を連れてきてくれた。私は彼と一緒に、良質の建材をもつ村びとのところへ行って買い付けたり、お母さんの娘たちと屋根となる藁を買いに、村々を捜し歩いた。材料の支払方法も、村びとたちが

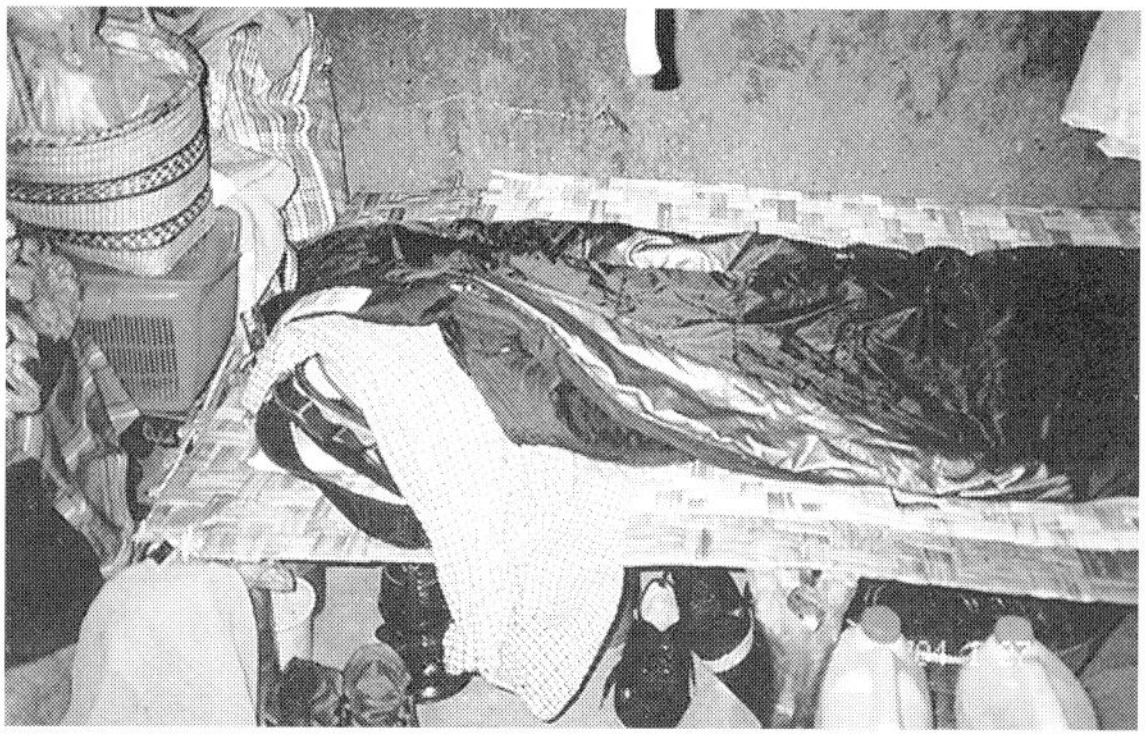

写真1　ホストファミリーに居候していた頃の寝床

家を建てるときと同じように、相手によって現金であったり、主食の練粥となるトウモロコシの粉であったりした。

予想通り、材料入手の際にはお金をめぐって村びとと私との間で何かと問題が生じたし、さらには村びと同士の人間関係に巻き込まれたりした。たとえば、一人の村びとからだけでは充分な建材が得られないため、数人から購入したのであるが、価格がそれぞれで異なっていたためにホストファミリーが抗議して複数の人の関係が険悪になった。また安く建材を売ってくれた人が、後日もう少し高く売れることを知って私に差額をとりたてに来た。

そうして得た建材を使い、ようやく家の骨組みが完成して屋根を藁で葺いたが、次は近くの河川敷から粘土を運び、土壁をぬらなければならない。私は自分のことながら、畑やマーケットでの調査の傍らで、粘土運搬を引き受けてくれる女性を探し出し、依頼するだけで、あまりの手間と労力のかかるさまにうんざりしていた。しかしその一方で、代わる代わる粘土を運んでくれる女性たちにせかされ、ドア作成のための板、釘、鍵用の金具をそろえて、今度は家具づくりをする村びとのところへ頼みにいった。

そうしているうちに粘土が集まり、いよいよ、土壁塗りをする段階になった。ホストファミリーや友達らが集まってくれ、みんなで「さあ、土壁を塗ったら、1週間で家が完成するわよ！」と壁塗りにとりかかりはじめた（写真2）。砂と粘土、水とを足で混ぜ、ロープや細枝で組んだ壁の骨組みの間にそれを塗りこんでいく。そのとき、私はふと、ちょうど屋根と壁との境の位置に、30×50㎝ほどの穴が残されているのをみつけた。そのとき、ホストファミリーの家の長女が私にこう言った。

「これは窓よ。いい？ こうやって家の中から外をのぞいて、集落のみんながどんな風にしているのか、こっそり見るの。ヘッヘッヘーイ、おっと、あの人がやってきたぞ!! なんてね」

　私は思い出した。確かに、私がよその家でおしゃべりしているとき、家のお母さんは、窓から外の様子をみた後、よその家へおかずを分けに行っていた。また、ものを分けた対価としてお金が支払われるときも、やってきた訪問者を窓からみて、こっそりとお金を受け取れるよう家に招き入れてもいた。アフリカの農村ではあたりまえの「ものを分け合う」行為のなかで、人びとのささやかなポリティクスがいかに実践されているのかを、私はこの窓の存在を通じて改めて考え直した。私はそれまで、窓をのぞくという「秘密の所作」を真似てみたことがなかったけれど、これからは他人の家ではなく「自分の家」に住まうのだし、完成したら村びとのようにその所作を真似てやってみよう。そう考えながら、私は土壁をぬりつづけた。

写真2　家の完成に向け，壁塗りをする

家が完成した日は、皆作業で疲れていたが、喜びあって家をながめた（写真３）。そしてホストファミリーだけでなく、多くの村びとたちが家へやってきては私が椅子や軽油ランプ、蚊帳代わりのテント、寝袋などを配置する様子を面白そうに見て帰っていった。私は一人になった瞬間をねらって、窓から外をのぞいてみた。向こうから私は見えない。だが、私は彼らの生活の様子を見ることができる。また、私の家はちょうど集落全体を見渡すにもよい場所にあった。そのため、ある世帯から提供されたものが、その後誰から誰にどのような方法で分け与えられていくかについて同時的に概観できるようになった。一つの世帯からみたモノのやりとりを個別に聞き取り、観察する調査の方法とは違い、窓をのぞくことによって、モノのやりとりを概観できる。そうして頻繁に移動する人びとが取り結ぶ重層的なかかわりあいを、大きくつかむ機会が増えていったように思う。

「家を建てる」という一連のプロセスをとおして、私は現地の人びとともに働き、怒りや喜びを共有

写真３　できあがった私の家

した。そして秘密の所作を真似てみることによって現地の人びとの視点にたち、他者との関係を保つ工夫や配慮に思いをめぐらせながら社会全体を捉える機会を得た。そのようにしてアフリカの農民が一定期間ある農村に住まい、やがてひっそり移動していくという生活に内在する論理を広く深く調査するようになったのである。

家を建てて10年が経つが、相も変わらずこの家に通い続けている。ものを介した重層的な人間関係を追跡することは、今も欠かせない調査項目であることは言うまでもない。

Part II

新たなテーマの開拓

このパートでは、フィールドの人びとの視点に寄り添うことを通じて新たな研究テーマを発見していくプロセスに注目する。第3章（佐川）では、エチオピア南西部における牧畜民間の戦いのなかで、人びとの移動できない「停滞」状態と調査者の「停滞」状態が共存しながら、戦争と平和の動態を追究するうえでの重要な知見が見出される。第4章（遠藤）では、パーニュと呼ばれる布からつくられる衣服に携わっている西アフリカの人びとの営みをつぶさに追っていきながら、多角的に服飾文化を描き出す結果へ導かれていった様子が示される。

3 家畜キャンプにたどりつくまで

東アフリカ牧畜民の移動と紛争

佐川 徹
SAGAWA Toru

危険な村

２００６年４月11日朝８時過ぎ、オモラテの町から小さなカヌーに乗ってオモ川の西岸へ渡ると、私はいつものように川沿いの道を南西に向かった。サバンナの陽射しはすでにつよい。50分ほど歩いて体が汗でべたべたしてきたころにダミッチ村へ着くと、友人の男性がいつもとはちがう調子でかけよってきた。「どの道を歩いて来たんだ？」、「いつもの道だよ、町からカヌーでわたって」、「おまえはなんて危ない道をとおって来たのだ！」。私がきょとんとした表情をしていたからだろう、彼はことばを続けた。「トゥルカナだよ、トゥルカナ。藪に隠れてダサネッチを狙っている。おまえもいつ撃たれるかわからないぞ」。もう一言付け加えた。「これからは西岸の道を歩くなよ、絶対に。町から東岸を歩いて南に下り、村のすぐ近

図１　エチオピアのダミッチ村
点線は州境.

くでカヌーをみつけて西岸に渡れ。わかったか」。ダサネッチとは私がともに暮らして調査を行っている民族集団、トゥルカナとはそのダサネッチに隣接する民族集団の名前である。

突然つよい調子で迫られた私は、「わかった、わかった、そうするよ」と返すのが精いっぱいだった。そういわれてから思い返してみると、この日は村に来るまでの道で誰ともすれちがわなかった。いつもならばオモラテの町へ行商に向かう十人程度とすれちがっていたのに、である。人びとはトゥルカナをおそれて、西岸の道を使わず東岸を歩いていたのだろう。少し頭を働かせてみると、はたして「白人」の私をトゥルカナが狙うのだろうか、という疑問が頭に浮かんだ。彼に尋ねると「だいぶ日焼けをして肌が黒くなったから、〝少し肌の白いダサネッチ〟と思って撃つだろう」との答えだった。

ダミッチ村の雰囲気もいつもとひどくちがっていた。村に入ると、銃を肩に背負った十数名の若者が、家畜囲いのなかで中腰になり何かをのぞきこんでいる。近づいて私ものぞきこむと、二人の年配の男性がウシの腸をヒョウタンの上に広げて話している。「ここにトゥルカナがいる。敵だ。この黒い点があそこにある木だ。そこにある赤い点、それがダサネッチの死体だ。そこで殺される」。どの場所でいつ敵であるトゥルカナにおそわれるのか、その襲撃を防ぐためにはいかなる対処法があるのか、人びとはウシの腸を自分たちが暮らす空間の地図に見立てて占いをしている。

村でいつも世話になっている家に着くと、80歳近い家長クワンガは浮かない顔だ（写真1）。供されたコーヒーを飲みながら「い

写真1　ひょうたんカップに入れたコーヒーを飲むクワンガ

つものように何日か泊まっていくつもりだけれど」と話す私に、彼は「今日は村に泊まらずに夕方に町へ帰りなさい。トゥルカナとの関係が落ち着くまでここは危険だから、あまり近づかないほうがいいだろう」と告げた。敵の襲撃は夜から明け方にかけてなされることが多い。昨晩は、村を囲うアカシア製の柵の手前に掘った穴から、若い男性が警戒にあたっていたという。それまで「町へ帰るように」などといわれたことはなかったのでショックを受けたが、とりあえずこの日はクワンガのことばに従って夕暮れ前に東岸の道をとおり町へ帰った。人びとのことばに逆らってまで村にとどまることはやめよう、けれどもトゥルカナとの関係がどう推移していくのかは現場の近くで見守りたい、帰路にはそんなことを考えた。

牧畜民の移動と紛争

この話の舞台は、アフリカ大陸北東部に位置するエチオピア、その首都アディスアベバから南西へ車で2日ほどくだった地である。私が２００１年からともに生活してきた牧畜民ダサネッチが暮らしている土地だ。直線距離では首都から７００㎞以上離れており、ケニアや南スーダンとの国境まで30㎞もない。文字通り国家の最も端に位置する場所であり、現在でも外部世界からの影響は小さい。

年間降水量が４００㎜程度の乾いたこの地域には、ウシなどの家畜につよく依存して遊動的な生活を送る牧畜集団が多く分布している。遊動的、といってもすべての住民がいつも移動生活を送っているわけではない。ダサネッチには二種類の居住形態がある。一つはオモ川の近くにつくる半定住集落である。ここでは川の氾濫を利用した農耕が営まれており、おもに老人や女性が穀物を食べて暮らしている。もう一つは、若い男性が家畜とともに移動しながら生活を営むキャンプだ。こちらでは家畜の乳や血が主食となる。

キャンプの移動には季節の変化に対応した一定の規則性がある。ダサネッチが暮らす地域では、11月から2月ごろまでが厳しい乾季である。この時期にはオモ川近くの半定住集落付近にキャンプをつくる。家畜は川の水を飲み、河辺に生えた草を食む。3月から4月にかけて大雨季が始まると、オモ川から離れた小高い土地に良質の牧草が生えてくる。大きな水たまりもできる。すると若者らはわずかな荷物を手に、川から離れた地にキャンプを移動させていく。移動先でも数週間ごとに引越しをくり返す。10月ごろに草や水がなくなってくると、再びオモ川付近に戻ってくる。

「牧畜民らしい生活」に憧憬を抱いていた私は、2006年以前の調査時にも家畜キャンプへ足を運んでいたが、数週間以上続けて滞在したことはなかった。2006年には2月から10月までを調査期間としていたので、ぜひ数カ月は家畜キャンプで生活を送りたいと考えていた。激しい雷雨が続き大地が緑に色づき始めた4月は、人びととともに家畜キャンプへ移動する絶好の機会のはずだった。冒頭に記したのは、私がそんな期待を胸に抱いて半定住集落であるダミッチ村を訪れたときの様子である（写真2）。村に住む人たちの家畜は、4月初めまで川の東岸につくられた家畜キャンプで放牧されていたのだが、私が訪問する数日前にダミッチ村へ移動してきていた。西部の放牧地へ向かう道すがらの一時的な滞在である。人びとが西への移動を開始しようとしたそのときに、トゥルカナとの関係が悪化したのである。

写真2　月夜のダミッチ村

ダサネッチは、近隣の牧畜集団と武力衝突をくり返してきた。ケニア国境をはさんで西側に隣接するトゥルカナは、そのなかの一集団である。もっとも、両者の関係がつねに敵対的なわけではない。この地域には集団間の境界を越えて友人関係や親族関係が広がっている。戦いが終わるとこの友人や親族が相互往来を再開して、平和的な関係が回復していく。この時期も数日前まで関係は緊張したものではなかったのだが、私がダミッチ村を訪問した前日に、ダサネッチの若者がダミッチ村から10㎞以上南西に離れた地で一人のトゥルカナを殺害した。この事件によって、トゥルカナがいつダサネッチを復讐のために襲撃してきてもおかしくない状況が生まれた。雨が降り草が芽吹き始める時期は、戦いが起きやすい時期である。ダサネッチもトゥルカナも良質の放牧地を利用したいという思いは同じだ。両者はともに同じ放牧地を目指して移動する。そこでの遭遇を契機に、放牧地を友好的に共同利用していくこともあるのだが、ささいなきっかけから暴力事件が発生して両者の関係が悪化することもある。この時期には後者の事態が起きてしまった。

その結果、私が家畜キャンプに暮らしながら調査を進めるという予定は変更を余儀なくされた。ただし、この機会は私の研究テーマにとってはなかなか得難い機会であったことも事実だ。このとき私は、ダサネッチと近隣集団との関係、とくに戦いに関するトピックに焦点をあてた調査を行っていた。もっとも、人びとに話を聞くだけでは、実際に戦いが起きる前後の集落の雰囲気や人びとの身体感覚は伝わってきにくい。私は緊張した関係がなかなか解きほぐされない日々をダサネッチとともに過ごすことで、否応なくその雰囲気や感覚を体験することになった。

移動をためらう牧畜民

とはいっても、ダミッチ村への日帰り訪問をした数日後から約3週間にわたって、私はどうしても避けることのできない書類作業などを大きな町でする必要があり、ダサネッチが暮らす地域を留守にしなければならなかった。事態の進展は気になったが、フィールドワーク以外にもやらなければいけないことがあるのだから仕方がない。

5月半ばにオモラテの町へ戻ると、私は真っ先にダミッチ村へ向かった。村は依然として緊張を強いられる状態に置かれていた。私が不在にしていたあいだ、男性の若者は毎日のように徒党を組み、村から10㎞程度離れた地にまでトゥルカナの様子を偵察にいっていたという。その地で彼らは、ダサネッチへの襲撃ルートを探りにきたであろうトゥルカナの足跡を何度も発見していた。

私は最初の数日間はクワンガにいわれたことを守り、日帰りで町と村を往復していたが、とりあえずこの3週間は襲撃がなかったこと、そして私が毎日つよい西陽に照らされながら町に帰っていくのを気の毒に思ってくれたこともあり、クワンガとその隣人は私がダミッチ村にテントを張って泊まることを許してくれた。

村での生活そのものは、関係が緊張する以前と大きなちがいはなかった（表1）。ひとつだけ困ったのは、「暗くなってからはけっして用を足しにいってはいけない」とつよく注意されたことだった。

表1　一日のタイムテーブル

6:00	起床
6:20	家族とともにコーヒーと搾りたてのミルクを飲む
7:30	歯磨きをしながらその日の調査内容を考える
8:00	ダミッチ村や近隣村での聞き取り調査へ向かう
11:00	お世話になっている家へ戻り，モロコシのポリッジなどを食べる
12:30	村はずれにある木陰へ行ってノートを整理し，その後は雑談や昼寝をする
15:00	もう一度，ダミッチ村や近隣村での聞き取り調査へ向かう
17:00	10分ほど歩いてオモ川へ行き水浴びをする．3日に1度ぐらいは洗濯もする
17:30	家に帰ってくると，再びノート整理を行う
18:30	家でコーヒーを飲む．搾乳の手伝いなどもする
19:00	ミルク，モロコシなどの夕食をとる，その後は家の外に張られた蚊帳のなかで村人と団らんする
20:30	1週間に1度ぐらいは村人のダンスに加わる
22:30	就寝

ダサネッチの集落にはトイレがなく、村から10分程度歩いた荒野で用を足す。この時期は敵がどこに潜んでいるかわからないので、家畜が夕方に放牧から帰ってくるまえに用を済ませておくようにとのことだった。とはいってもその夕方に帰ってきた家畜から搾った未煮沸のミルクを飲むと、どうしてもお腹がごろごろ騒ぎはじめる。夜中から明け方にかけて懸命に生理現象を我慢する日が続いた。

村に住み始めると人びととの日常会話が耳に入りこんでくる。会話の中心を占めていたのは、トゥルカナの悪口と家畜の放牧先についてであった。ダミッチ村の付近にはほとんど草がなくなり、家畜がやせ細ってきた。やせ細った家畜からはわずかなミルクしかでず、充分なミルクが飲めない人間の子どももやせ細ってくる。西部の放牧地は、夕方になると毎日のように厚い雲に覆われているので、牧草が芽吹いているのはまちがいない。しかし、西にはトゥルカナがいる。これまでトゥルカナによってどれだけダサネッチの生活が苛まれてきたのかを、友人たちは私につよく訴えかけてくる。もっとも、トゥルカナとの関係を改善するための決定的な対処法は存在しない。人びとはただ情勢が沈静化するのを待ちつづけるしかないようだった。

トゥルカナの殺害事件から50日ほどたった5月31日、膠着状態からの動きがあった。ダミッチ村の周辺にはほかのダサネッチの村がいくつかあるが、どの村の住人も移動をためらっていた。しかしこの日になって、ダミッチ村から10㎞ほど南にあるニュムメリ村の家畜群が西部の放牧地へ、つまりトゥルカナに近接する地域へ移動を開始したとの情報が伝わってきた。その翌日には、ダミッチ村の隣村であるアクルゴレ村の家畜も西部の放牧地への移動を始めた。あばら骨が浮きあがる一方の家畜をまえに、人びとはしびれをきらしたように移動を始めたのである。

この動きに刺激されたダミッチ村の人たちは、移動の是非について話し合いの場をもった。「村の周辺には草もミルクもない」のだから移動の必要性については合意があったのだが、ダミッチ村の人たちはほかの村よりも慎重に事を進めることに決めた。トゥルカナがダサネッチを攻撃してくるのを防ぐための呪物を設置することにしたのである。呪物とは、生きたままのロバや犬の肛門からオリックスの角を差し込んで口にまで貫通させた、ややグロテスクなものである。これをトゥルカナが襲撃してくる際に通過しそうなルートに設置しておくと、呪物の付近をとおった人物には呪術的な力が作用して、めまいのために動けなくなってしまうのだという。

呪物を設置できるのは呪術的力を有した特別な人だけであり、私はその人物とは最初の調査時からの知りあいであった。私は多少の危険を感じつつも呪物を設置する場面をこの目でみてみたいと思い、彼に同行を申し出ると快諾された。翌日の陽が昇る前に来るようにとのことだったので、そのとおりに家に出向くと彼の妻しかいない。男性はすでにほかの数人とともに呪物の設置に向かったという。腹が立ってクワンガや近所の人たちに不満をぶつけると、みんなが「あの男は約束をしておいて守らない、そういうやつだよ」と自分のことのように憤って、私を慰めてくれた。

私は置いていかれたが、呪物はぶじ設置されたとのことだった。それにもかかわらずダミッチ村の人たちは動かない。「トゥルカナは呪物を設置していない場所からやってくるかもしれない」というのがクワンガらの語る理由だった。私はダミッチ村の人だけがなかなか移動をしないことにいらだちを感じつつも、人びとがやせ細っていく家畜とトゥルカナの脅威というふたつの問題に板挟みになりながらも事を急くことなく、みんなで相談しながら移動の可能性を模索していることに感銘を受けた。

それから10日後の6月11日、今度はクワンガの隣家の世帯長であるイロイタリガが、放牧地周辺の情報を直接収集するために、村から北西部へ10㎞ほどのところにあるダサネッチの家畜キャンプへ出向くことになった。私はこれに同行を願いでると、クワンガたちは「呪物設置のときは置いていかれたし、今度はいっしょに行けばいい」といってくれた。

イロイタリガとは早朝に出発した。もう60歳を超えているはずなのに、重い銃を背負いながら道なき道をすいすい歩き、さらにいま歩いている場所の地名を逐一教えてくれる。これまでの聞き取り調査で耳にしていた地名と現実の場所がこのときにはじめて合致した。道中ですれちがう人とはそのたびごとに情報を交換する（写真3）。相手から「この白人はなにものだ？」と聞かれると、イロイタリガが「わたしとともに住むダサネッチだ」と答えてくれることがうれしい。

二時間ほど歩いたころ、イロイタリガが突然「ここだ」と告げた。一瞬、私には周囲に広がる藪と区別ができなかったが、乾いた草でつくったごく簡素な家が5軒ならんでいる（写真4）。この時点で、トゥルカナの領域に最も近接したところに設置されたダサネッチの家畜キャンプだ。家の外で作業をしていた数人の男性と、キャンプの入口付近で立ったまま話す。男たちは、ほかのダサネッチがトゥルカナをおそれて移動してこないことへの不満を述べたてた。彼らがくりかえし語る「このままだとトゥルカナにすべての放牧地を奪われてしまうではないか」ということばとその口ぶりから、最前線の緊迫感が伝わってくる。遠方から客が訪問してきた場合、ダサネッチはコーヒーを沸かしてもてなしてくれるのだが、このときにはそれもなかった。

家畜キャンプに滞在したのはせいぜい30分程度だった。帰り道は来るとき以上に早いペースで、ダミッチ村へと歩いた。村に着くと、すぐにコーヒーを飲みながら最前線の状況を話しあった。ダミッチ村にとどまるだけではトゥルカナに放牧地を奪われてしまう、最前

写真3　キャンプへ向かうイロイタリガ（左）
道中出会った人と歩みをともにする．

線までの移動は控えるにしてもその手前までの移動ならば問題はなさそうである、集落から5㎞程度離れた北西の地にとりあえずキャンプを構えることにしよう、それが決定だった。一度決まってしまえばあとの動きは早い。翌朝、ロバにわずかな荷物を積むと人びとは北西へ向かった。十数人でいっしょに歩くと、イロイタリガと二人で歩いたときに感じていた緊張感は和らぐ。人びとはトゥルカナの脅威を語りながらも、家畜とともにようやく緑の大地へ移動できる喜びがこらえきれないのか、明るく多弁であった。そうやって、ようやく家畜キャンプでの生活が始まった。

写真 4　最前線の家畜キャンプ
草本と木でつくった簡素な家が並ぶ.

「停滞」する経験を共有すること

殺人事件のあと、ダミッチ村の人たちはトゥルカナによる復讐攻撃があるにちがいないと話しあっていたが、このときにはなにも起こらなかった。ダサネッチと近隣集団のあいだでは、トラブルを解決するための特別な手続きは取られないまま、時間の経過とともに事態が沈静化していくことはよくある。そのことは話で聞いて知っていたものの、実際に現場に身を置いていると、いつどこで襲撃が起きてもおかしくない状況下で、不安はなかなかなくならない。それはダサネッチの人たちも同じだったようだ。結果として、家畜キャンプへの移動は予定されていた時期より2カ月も遅れた。そのあいだ私にできたことといえば、人びとに現況をしつこく確かめ、できるかぎり彼らの行動に付き従おうとすることだけであった。

長期のフィールドワークに依拠した研究手法を確立した人類学者B・マリノフスキは、その主著『西太平洋の遠洋航海者』のなかで「原住民の本当の心、部族生活の本当の姿を引き出すことのできる魔術」をとおして「実生活の不可量的部分」を明らかにすることが、人類学者の使命だと記している（マリノフスキ　２０１０）。多くの人が指摘してきたように、ほとんどのフィールドワーカーはそのような「魔術」など有していない。むしろ私の経験では、フィールドワーカーはなによりその存在の受動性において特徴づけられると思う。調査の初期段階では、相手に話しかけられてもことばがわからないため、あいまいな笑顔を浮かべながら相手が話し終えるのを待つしかない。ことばが身についてきたので本格的な調査を始めようと勇んでみても、なんとか取りつけた面会の約束が当日になって反故にされてしまう。調査が軌道に乗ってきたと思ったら、突然発生した戦いや災害により計画していた調査の実施可能性が危ぶまれてしまう。

これらの受動的経験は、その事態が進行している段階では調査の「停滞」として認識され、経験しないにこしたことがないもののように感じられる。しかしその受動性は、地域の事情を知らないよそ者の調査者が、フィールドの人たちの言動やふるまいに一方的にふりまわされていることから生じているわけでは、かならずしもない。世界はフィールドの人たち自身にとっても予測のできない出来事に満ちており、受け身の立場で対応せざるを得なくなる経験に彼らも日々直面しているからである。

ほかの村のダサネッチがトゥルカナを殺害したせいで、ダミッチ村の人たちは敵からの襲撃に備えることを余儀なくされ、怯えながら夜を過ごしていた。襲撃への対策を練ろうとしても根本的な対処法は存在せず、トゥルカナ側の出方に今後をゆだねる以外に方法はないようだった。最前線の家畜キャンプの人びとは、ほかのダサネッチが移動してこないため、とりわけつよく敵の脅威にさらされ続けねばならなかった。彼らは自分の力ではいかんともしがたい動きに不可避的に巻きこまれ、みずからの苦境を不安やいらだちとともに私に表現してきた。戦いと隣りあわせに生きる人びとの「本当の心、生活の本当の姿」に最も接近できたのは、このときだと思う。

この緊迫した状態を人びととともに体感したことは、私にとって二つの点で重要な経験となった。一つは、ダサネッチの戦いに対する認識の異なる側面がみえてきたことである。それまで私は、彼らが平常時に語る「能動的な」理由にもとづいて人びとが戦うわけを理解しようとしていた。敵集団の成員を殺したりその家畜を奪ったりすることで仲間から「勇敢な男」として称賛される、その「男らしさ」という名誉を求めてわれわれは戦争に向かうのだ、という説明である。

しかし、村の友人たちはトゥルカナとの関係が緊張してくると、ダサネッチが戦うのは「トゥルカナが攻めてくるから仕方がないのだ」、「カミがわれわれとトゥルカナの血を別にしてしまったからだ」といった説明を私へ頻繁に提示するようになった。この説明をとおして、多くの人たちにとって戦いが、みずからのあずかりしらぬところで生じたトラブルを契機に否応なく巻き込まれていくものとして経験されていることがわかってきたのである。以前から人びとはそのような説明をしてくれていたのかもしれないが、彼らとともに敵の恐怖を肌で感じることで、そのことばが初めて説得力のあるものとして私に迫ってくるようになった。この機会がなければ、私は「ダサネッチの男性は戦果を求めて喜び勇んで戦いに向かっている」という、実態に即さない「好戦的な」牧畜民像を提出してしまっていたかもしれない。

さらにこのときの経験は、人びとと私の関係をより親密なものとしてくれたように感じる。C・ギアツ（１９８７）は、ジャワ島で闘鶏を観戦していた折に警察官に追いかけられて現地の人びととともに逃げた経験が、現地社会に溶け込む大きな契機となったことを記している。私の場合も、トゥルカナの攻撃に苛まれた時間と空間をダサネッチの人びとと共有することで、彼らとの心理的距離は大きく縮まった。とくに、イロイタリガとともに最前線のキャンプに出向いたことで、私はその後「あのとき最前線から情報収集をしてきた男」として過大に評価されるようになり、ダミッチ村以外の住人からも声をかけてもらえるようになった。この関係性の深化と拡大が、結果としてその後の調査を進めていく際の基盤となった。現地の人びとと調査者は、「同じ場で生活をともにしている」という単純な事実だけで、なんらかの緊張感を抱く場もともにすることがあるし、その際の受動的な立場の共有が両者の共同意識をつよめる作用をもたらすことがあるのだろう。

もっとも、このような経験はみずから求めてするものではない。私は、あくまでもダミッチ村の人たちの忠告に従いながら、できるかぎり現場に近いところで調査を続けたつもりだ。人びとの制止をふりきって危険な場所に出向いたり、緊張感をともなう場面を自分でつくりだそうとするのでは本末転倒である。その一方で、フィールドに出向いて長い時間を過ごす過程で、なんらかの突発的事象に遭遇する可能性は高い。そして、そのような事象に遭遇したときに感じる「停滞」とは、しばしば調査者一人にとっての「停滞」なのではない。そのとき、フィールドワーカーは単なる調査者としてではなく、ともに暮らす生活者としてその「停滞」をフィールドの人たちとともに体験している可能性があるからだ。現地の人びとととともに滞ることは、新たな知見を得るきっかけになりうるだけではなく、人びととの関係が新たな局面へ進む契機にもなりうるのだ。

参考文献

ギアツ・C.（１９８７）『文化の解釈学Ⅱ』岩波書店.
マリノフスキ・B.（２０１０）『西太平洋の遠洋航海者』講談社.

4 西アフリカ都市で着る・仕立てる

遠藤聡子
ENDO Satoko

たわいもないおしゃべりから

2006年、私は西アフリカの内陸国ブルキナファソ、その第二の都市ボボジュラソでフィールドワークをしていた。衣服を仕立屋につくらせ身につけるのが一般的なこの町で、市内の仕立屋Sの秘書をしながら、親方が布を裁断する様子、客とのやり取り、徒弟たちの縫製の様子を観察していた。

通い始めた当初、親方のあとをついて回ってばかりだった私は、6人の徒弟や秘書から「親方の友達」として扱われていた。後になって振り返ると、当たり障りのない話ばかりされていた。しかし毎日通い、共に過ごす時間が増えるなかで打ち解け、ある日、秘書シルビィから思いがけないこと聞いた。

「いつも頼んでる仕立屋が、年末の予定がいっぱいで布を受

図1　ブルキナファソのボボジュラソ

け取ってくれなかったの」

シルビィはいまいましそうに顔をしかめながらそう言った後、

「だから今回はジャロに頼むの」

と付け加えた。ジャロとは仕立屋Sの徒弟の一人で、親方の仕事の手伝いしかしていないと聞いていた。

「えっ、ジャロ？ジャロに頼んだの？」

と興奮気味に聞き返す私に、彼女は
「うん。でもジャロに頼むと高いの！ワンピースで４０００（ＣＦＡフラン、約８００円）だって。私の仕立屋はいつも２５００でやってくれるのに」

とこともなげに言ったが、私は驚きで目を見開いた。ジャロは個人でもお客をとっているんだ！

ボボジュラソでは、ラマダンあけの祭りや年末年始などの行事が近づくと、仕立屋への注文が殺到する。秘書シルビィには行きつけの仕立屋があり、年末に向けて注文しようとしたが、忙しいからと布を受け取ってもらえなかった。そこでシルビィが次に注文したのは、自分の職場である仕立屋Ｓの徒弟の一人、ジャロだというのである。この日をきっかけに、私は、徒弟たちが親方の手伝い以外に個人でも仕事をしていることを知り、その活動をみせてもらうことになった。

戸惑いを研究テーマに

私がこうして仕立屋に通っている一番の目的は、西アフリカ特有の衣装が、どうして現在のように普及しているのかを調べるためである。初めて訪れたアフリカの国、コートジボワールでの滞在中に、色鮮やかで大胆な絵柄のプリント生地「パーニュ」を仕立てた衣服（写真１）に目を奪われて以来、この衣服の着用や生産を研究テーマとして追いかけている。

パーニュ（pagne）とは、腰から巻いて着用する布を表すフランス語である。しかし、ジャワ更紗の模造品に起源をもつ工場生産の更紗で、西アフリカで服地として用いられるものを指す場合にも同じ語が用いられ、ここでは後者の意味である。当初オランダでつくられたパーニュは、19世紀後半に西アフリカにもたらされた。現在ではギニア湾岸地域をはじめ、内陸の一部の地域、中部アフリカなどの広い地域で服地として用いられる。パーニュは、ジャワ更紗に起源をもつこともあって、日本人にとっても着物や浴衣の絵柄を連想させるような、どこか懐かしい雰囲気がある。しかし、使われている色が力強く鮮やかなうえに、絵柄が大胆かつ独特で、扇風機や携帯電話、水道管、大統領の顔といった、思いがけないものが目につく（写真2）。

この布は、民族や宗教、性別や世代の違いにかかわらず用いられる。男性は、パーニュを洋服のシャツや、あるいはイスラームの影響を受けて広まったとされる貫頭衣式の衣服ブーブーに仕立てることが多い。女性は、男性のように洋服やブーブーも仕立てるが、上着と腰から巻く布（以

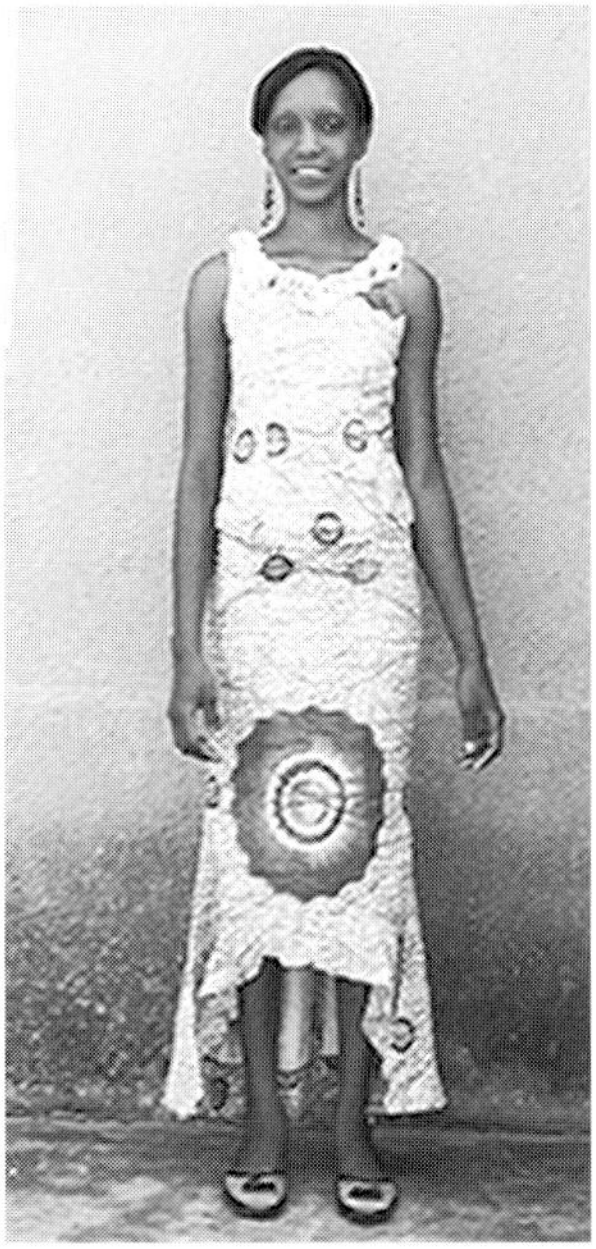
写真1　パーニュを用いた衣服を着る女性

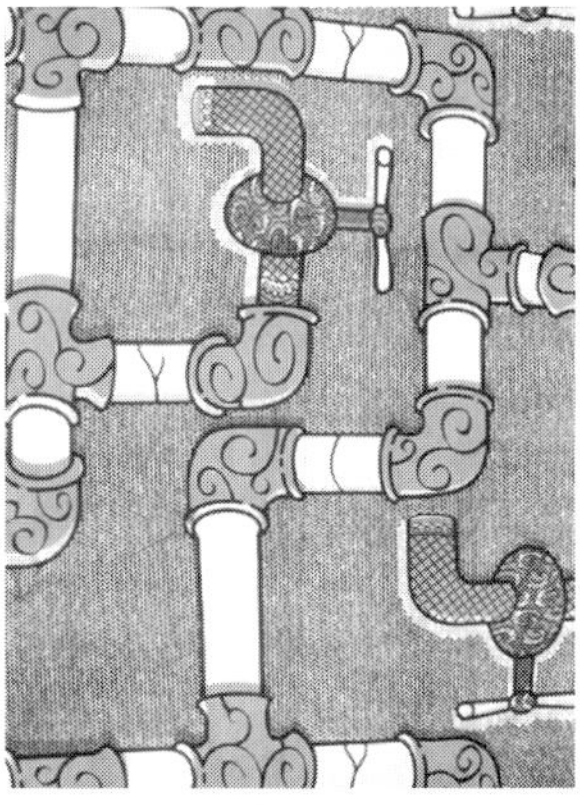
写真2　パーニュの絵柄（水道管）

下「巻き布」とよぶ）、あるいはスカートに仕立て、上下組のアンサンブルとしてまとうことが多い。これが、あたかも民族衣装、伝統衣装といった風情で目をひくのである。しかし、「民族衣装／伝統衣装」と言い切るのもためらわれる。たとえばウエスト部分が締まり、肩の部分が丸く膨らんだ上着とロング・スカートの組み合わせなど、仕立てる服の形によっては、「民族衣装」どころか、西洋のドレスのように思える。また、同じ服を二つとみつけるのが難しいほど、仕立のデザインやカットが多様であり、みるみるうちに流行が変わっていく様は、「伝統」よりも、「現代」という言葉が似合うようだ。日本人の私にとって、どこか懐かしい、けれど見たこともないプリント生地から、独特で現代的な衣服がつくられているのだ。このような女性のアンサンブル（衣服の組み合わせ）が、とても印象に残った。

衣服は、それを身につける人が誰なのかという情報を表現するコードの役割をもつ。ある人がどんな衣服を身につけているのか、ということは、その人が誰なのか、ということと密接に結びついている。たとえば私たちの日常生活を考えてみても、初対面の人についてこの人はどんな人なのかと想像するとき、知らず知らずのうちに、その服装を判断材料の一つにしているのではないだろうか。

初めて訪れるアフリカの人びとが、どんな人たちなのか、どんな暮らしをしているのか、どんなことでも知りたいという思いでいた私にとって、彼女らの服装は、真っ先に目についた判断材料であった。しかし、服装から何か連想するどころかむしろ混乱してしまった。彼女らの身に着ける衣服は、それまで当たり前だと思っていたものとは違っていたのである。服装の世界的な傾向をみると、各地で伝統的な民族衣装が廃れ、洋服が隅々まで行き渡っている。しかしここでは、在来の伝統衣装とも、しかし洋服とも異なる衣服が広く身につけられていた。初対面の人の衣服をみて、どんな人なのか想像できない…。この経験が調査の出発点となった。

テーマはすぐ決まったけれど…

なぜ、西アフリカの女性の衣服が現在のようなパーニュを用いた衣服なのか。この問いは、最初のアフリカ滞在以来一貫して私の関心であり続けた。しかしこの問いをどう追いかけるか、その調査方法をなかなか決めることができなかった。

その原因の一つは、私自身が、自分がなぜ今のような服装をしているのか明確な答えをもたないことと関連しているように思う。なぜ日本人なのに洋服を着ているのか、と問われても、「それはそういうものと思っているから」「しっくりくるから」といった程度にしか答えが見当たらないのである。パーニュを用いた衣服に限らず、ある人がなぜある衣服を着るのかは、そもそも本人にもよくわからないのではないだろうか。衣服をめぐる日常的な習慣に関しては、フィールドワークをもとにした人類学的な研究の蓄積が少ない。その何気ない習慣にアプローチする際の方法論的困難さを反映しているのかもしれない。

調査方法をなかなか決められなかったもう一つの原因は、フィールドの変更である。コートジボワールでクーデター未遂事件が勃発し、調査継続が困難になってしまったのである。私は新たな調査地をブルキナファソの、なかでもコートジボワールにより近い西部の都市、ボボジュラソにすることにした。しかし実際に現地に到着してみると、ボボジュラソでもパーニュを用いた衣服は普及しているのだが、どうもコートジボワールほどの強い印象を受けなかった。コートジボワールで出会った女性たちは、パーニュを用いた衣服を身に着けながら何か主張しているようにみえた。その主張に丁寧に耳を傾ければ、何か見えてくるような気がした。しかし、ボボジュラソの女性たちは、何かことさらに主張しているようには見えなかった。私が洋服を着るのと同じように、何も意識せずにパーニュを用いた衣服を着ているようにみえたのである。

パーニュは、コートジボワールのアビジャンや、トーゴのロメといったギニア湾岸沿いの大都市がその流通やファッションの中心とされる。これら沿岸部の大都市から発信されるパーニュのファッションは、内陸に向かうにつれその濃厚さを失っていくのだろうか・・・。おおいに戸惑ったが、ボボジュラソでも町でみかける女性の半数以上はパーニュを身につけている。その背景がやはり知りたいと思い直し、ボボジュラソで調査を続けることを決めた。

自分でも着てみる

フィールドワークを進めるにあたっては、女性たちがパーニュを用いた衣服を「意識せずに着ている」背景を考えるため、実際に女性と暮らしてみるのがよいと思った。また、自分でも周囲の女性たちと同じように、仕立屋にパーニュを持ち込み、衣服を仕立てて身に着けてみたいと思った。

慣れない土地で、誰かの生活に入っていくというのは、そう簡単にできることではない。ホームステイにも何度か挑戦したが、必要以上に気を遣いすぎてしまい、調査などできずに引っ越したこともある。その意味で、友人ベルナデットの家で居候生活を送ることができたのは幸運だったと思う。市内でよく利用していたインターネット・カフェで働いていたベルナデットは、前向きで誠実な人柄で、滞在当初から親しくしていた。あるときベルナデットが「住む家がないのなら来れば」と言ってくれたのを機に、私は彼女の住む町はずれの一軒家でともに暮らすことになった。ここで寝泊まりしながら、市内に通って調査活動を続けた（表1）。

ベルナデットの家は、町はずれの区画整理されていない場所にあり、水道も電気もない。朝晩のシャワーはドラム缶にため置いた水をバケツにくんで使い、日暮れ後の灯りはランプでとる。ランプの灯りでは周囲がよく見えないし、灯火の熱で暑くなるので、自然と早く寝て早く起きる生活をするようになった。朝は甘いおかゆや、フランスパンと紅茶などの朝食をとってから、彼女は仕事へ、私は調査へでかける。ベルナデットも私も、あるときは自転車で、あるときは彼女の（頻繁に動かなくなる）バイクで、またあるときはタクシーで移動していた。私は自由に歩きまわれるようにTシャツにジーンズという格好だが、彼女はいつもパーニュのアンサンブルを着ていた。それでよく自転車がこげるものだと、感心しながらその様子を眺めていた。

私も調査や生活に慣れるに従い、自分でもパーニュのアンサンブルを着るようになった。ロング・スカートではズボンのときのように早足で歩くことができず、また何より自転車に乗ることができない。そのため、よく活動する日にTシャツとジーンズを、用事が少ない日やイベントに参加する日にパーニュのアンサンブルを着た。このような身につけ方でも、日常のふとした場面で、なるほどと思ったり、ベルナデットはこんな気持ちで服を着ているのだろうか、などとわかった気がする

表1　一日のタイムテーブル

6:00 すぎ	起床 シャワー，簡単な朝食
7:00	自転車で市の中心地へ
7:30	仕立屋Sでの観察 客の応対，親方や徒弟の仕事の観察 時間があるときは街なかの女性の衣服をスケッチすることも．
12:00~15:00	昼休み．近所でバナナの揚げ物などを買って食べる． 家に帰る時間はないので仕立屋Sの応接間で昼寝．
19:00	一日の仕事終わり．自転車で帰宅．
20:00	ベルナデットと食事の支度，食事
21:00	月明かりの下でおしゃべり シャワー，就寝

ことが増えた。

なるほどと思ったことの第一は、衣服の機能面にかかわることである。私は当初、パーニュを用いた衣服は現地の気候に合っていないのではないかと考えていた。西アフリカでは、日本などに比べて暑い時期が長い。体の線にぴったりと沿い、多くは裏地がついている上着は通気性が悪いのではないか、女性たちは無理をして着ているのではないかと思っていたのである。私は、裏地などないTシャツでさえ汗でべとべとになるので、洗濯が日課になっていた。ベルナデットは「また洗濯しているの？」と驚きながら、自分では数週間洗濯せずに過ごしていた。私は洗濯をするたびに、自分が水を無駄遣いしているような気がした。

ベルナデットの様子をみていると、彼女は仕事を終えて帰宅後、「ああ、苦しかった」などといって、すぐにウエストの締まった上着とロング・スカートを脱ぎ、Tシャツとパーニュの巻き布に着替える。この服装はそのまま寝巻きにもなっていた。しかし苦しいと言いながら、ベルナデットは毎日パーニュのアンサンブルを着ていた。そして、一度着た服は寝室の壁にかけ、すぐには洗わない。タンスから別の服を出して着る。ときには午前と午後で服を着替えながら、また、一度壁にかけた服を再度身につけながら、数週間を過ごしていた。タンスのなかの服がすべて壁にかけられ、積みあがって床に落ちそうになったころ、ベルナデットはようやく洗濯をした。庭に大きなたらいを出し、すべての服をなかに入れて洗うのである。この日、庭の物干し用の紐には、ベルナデットのパーニュのアンサンブルが隅から隅までいっぱいにかけられる。

自分でもパーニュのアンサンブルを着てみると、ベルナデットの行動が理解できた気がした。もちろん汗はかくのだが、Tシャツの時のようなどろどろとした不快感が不思議となかった。さらに、服の装飾を型崩れさせたくないという気持ちもあり、私も自然と、一度着たあとは室内に干すようになった。これで、洗濯の頻度も我慢することなく自然に減った。こうして私は、パーニュのアンサンブルは、現地の気候に合っており、洗濯回数も少なくて済む便利な衣服だと思うようになった。

パーニュのアンサンブルの身につけ方についても学んだ。私は、ベルナデットがパーニュのアンサンブルを身につけ仕事に出かける姿を毎日眺めていたのだが、いざ自分で着てみると周囲の人に注意された。私は、アンサンブルに、調査道具の入った大きな鞄と、スニーカーとを合わせていた。それをみたおしゃべりな知り合いが、「かかとのある靴（を履きなさい）！」などと注意してくるのである。ベルナデットや女性たちを再度よく観察すると、彼女たちはパーニュを普段着とフォーマル用で着分けている。パーニュはTシャツと合わせて腰から巻くと、部屋着などかなり肩の力の抜けた装いになり、髪型が乱れていようと、足元がビーチサンダルだろうとかまわない。しかしアンサンブルで着ると、フォーマルな外出用になるのである。ベルナデットも、アンサンブルを着るときは髪型を決め、きゃしゃな鞄とかかとの高い靴やサンダルと合わせている。私は女性たちの衣服を四六時中眺めているつもりだったが、実際に着てみるとその観察があいまいだったことを思い知らされた。

さらに、ベルナデットとの暮らしでは知りえなかったことも、後からわかってきた。パーニュを用いた衣服は夜、あるいは夜遊びには適さないものらしい。電気がまだ通じていない町はずれに住んでおり、夜出かける機会がなかった私は、あるとき初めて参加したファッション・ショー後の打ち上げで、自分だけがパーニュのアンサンブルを着ていることに違和感を覚えた。禁止されているわけではないし、人によって意見も分かれるだろうが、「パーニュは昼に着るものよ」といった女友達は、夜遊び用には柔らかな生地の黒いドレスを着こなしていた。

もう一つ、実際に着てみて感じたこととして、新しい服をおろすときの緊張を付け加えておきたい。

ときどき新しい服をおろすと、周囲の人たちが「すてきね」と声をかけてくれた。しかし、新しい服を何着か立て続けにおろしたときに、周囲の声が「自分の分はないのか」に変わったのである。「ない」などと正直に答えようものなら、「なぜ！」とまくしたてられる。私は戸惑い、その後衣服を新しく身につけるとき、自然と緊張するようになった。布を買うときにも周りの女性のことを思うようになり、何度かに一度はベルナデットのための布も買った。何度かに一度は面倒になって自分の分も買うのをやめた。

衣服を仕立ててみる

パーニュは、布自体もさることながら、その服も、カットやデザインが独特で興味深い。布が工場で生産されるのに対し、衣服は小規模な仕立屋で個々につくられる。他の西アフリカ諸国と同様に、ボボジュラソでもまた、衣服仕立業に従事する人が多い。約４㎢の中心地区（セクター1）をまわったところ、その中心に位置する大市場の内部を除いても、１７０軒もの仕立屋の店を数えることができた。

ベルナデットに話を聞くと、彼女には行きつけの仕立屋があり、その親方が彼女の服のデザインについて影響力をもっているようだった。過去10カ月の間に新しく買った服について、それぞれどのようにデザインを選んだのかを聞いてみると、ある服について、「これは仕立屋に自分のイメージを伝えたら、『それじゃおばさんみたいじゃないか』って反対されて、このデザインに換えられたの」と愉快そうに笑って答えてくれた。また、「服のデザインを選ぶのが面倒なときは、何もいわずに布を店においてきちゃうこともあるの」と言った。その後仕立屋や他の女性たちから話を聞いてみても、女性は信頼できる仕立屋に出会うと、その仕立屋にデザインをまかせることが多いことがわかった。女性たちが自分の仕立屋をほめるとき、「私の思い通りの服をつくってくれるの」というのはもちろん、「私のために新しいデザインを考えてくれるの」と言うことも多かった。

冒頭のシルビィとのやり取りで、仕立屋Ｓの徒弟が個人でも客をとっていることを知った私は、徒弟のなかでは最年少だがリーダー格のアジズに、自分の服の仕立を頼むようになった。「親方の友達」である私を他の徒弟たちが警戒するなかで、最初に個人の仕事の様子をみせることを快諾してくれたのがアジズだった。休日にアジズの家を訪ねると、別の徒弟と二人で客間にミシンを置いて作業をしていた。アジズたちは、個人の仕事については親方に知られないように気をつけているという。仕立屋Ｓの徒弟たちは、親方の力を借りなくてもおよそ一通りの衣服をつくることができるので、自宅でも仕事をし、固定客を増やしながら、独立の準備をしているのである。

仕立屋Ｓの親方は、お客のために新しいデザインを考えるのが得意で、それで人気を集めていた。その影響を受けてアジズも、お客の望みどおりの衣服をつくることよりも、お客に新しいデザインを提案することに力を入れていた。欲しい服のイメージをだいたい伝えておくと、そこに何かを足したような、しかし仕上がってみると「なるほど」と思うような服をつくってくれた。私はアジズを信頼するようになり、ベルナデットがいうように、「布を渡して、あとは任せる」ということも、アジズにならできるようになった。

私が自分で決めるデザインは、自分では気に入っているものの、シンプルで飾り気がない。しかし、アジズが「こんな刺繍を入れたらどうか」「こんなカットはどうか」と、提案してくれるものを受け入れるようになって、周囲の女性たちとの間に会話が生まれるようになった。女性たちは、誰か別の女性が着ている服のデザインを気に入ると、「それすてきね。私もほしい」といって、同じデザインの服をつくることがある。さらには、親しい友人同士でおそろいの絵柄の布を買ったり、服のデザインもおそろいにして一緒に着たりする（写真3）。ベルナデットからも、彼女のもっている衣服のデザインの大半は、彼女の親しい友人とおそろいであると聞いた。なかには誘われておそろいにしたものの、袖のあたりがひらひらして肩まで見えてしまうのがいやで、ほとんど着たことがない服もあるらしい。そのときはなぜ自分の好きなデザインにしないのだろうと思ったが、実際に自分でも服をつくるとその気持ちがわかったような気がした。女性たちは何もみな「このデザインがほしい」と毎回明確な希望があるわけではないのである。むしろ、誰かと誘い合わせておそろいにすることが嬉しかったり、仕立屋が自分のために提案してくれる服によって新しいデザインを楽しんだりしているのである。このような周囲の人とのやり取りも、パーニュを用いた衣服を身につける喜びなのであろうと思った。

この、周囲の人とのやりとりのなかで服をつくることに少し思いをはせてみるならば、私が立て続けに新しい衣服をおろしたときに感じた緊張は、衣服を仕立てるような喜びを、周囲の人と分かち

写真3　おそろいの服を着る女性たち

合うことがよいという雰囲気があるためかもしれない。実際に、「自分の分はないのか」と聞かれて、「これは友達（ベルナデット）とのおそろいなの」と返すと、相手は「それはよかった」と喜んでくれた。

徒弟の個人の仕事に興味をもった私は、自分の研究テーマとのつながりがみえないながらも、アジズに仕立の受注記録をつけてもらっていた。アジズは毎日1着のペースでコンスタントに個人受注の仕事をしていた。アジズら徒弟は、親方の店で朝7時半から夜19時、遅ければ20時頃まで働き、一日の多くの時間を過ごしている。そのような生活のなかでも、私が思った以上に彼らは個人の仕事を受けているようであった。

彼ら徒弟がどうやってこんなにお客を得られるのか？と不思議に思ううちに、私は、この問いが、170軒の仕立屋をめぐるなかでわいた疑問とよく似ていることに気がついた。市内の仕立屋をまわっていると、「○○仕立屋」という看板があったり、ショー・ウィンドウにとりどりの衣服を着たマネキンがあったりして、仕立屋とすぐわかる店もある。しかしなかには、看板がなく、戸口においてあるアイロンのために仕立屋だとわかるところや、なかをのぞきこまなければ何をしているのかわからない店もみかけた。立地も、人通りの多い道路沿いで目立つ店もあれば、「なぜこんな隠れたところに？」と聞きたくなるようなところで営業する店もある。その店内を覗くと、案の定親方が暇をもて余している場合もあるし、思いがけず人がたくさん働いていて、親方が客の応対に追われている店もあった。私はこのような店をみるたびに、「どうやってこんなにお客を得られるのか？」と疑問に思っていた。

これをきっかけに、私はある仕立屋にお願いし、1カ月間に訪れた客の注文内容と、その客がこの仕立屋の店で注文するに至った経緯を一人一人答えてもらった。その店は、ボボジュラソ随一の大通りに面して店を構えており、立地は大変よい。また、調査をした仕立屋のなかで最も高い賃借料を払い店を維持していた。しかし、「お金がないから」という理由で看板はつけておらず、外からはなんの店なのかわからなかった。調査の結果、この店にやってくる客は、親方と家が近い知り合いや、別の客の紹介で来店した人など、親方やその仕事を知ってやってきた人たちであった。立地のよさや目立つ看板よりもむしろ、人と知り合うことや自分のつくった服への評判で、新しいお客が増えるというのである。

アジズの個人の仕事もまた、同じ地区に住む知り合いや、よく行く商店の売り子など、身近な人に注文をもらうことから始まっていた。そして、客となった人の家族や友人、あるいは彼のつくった服をみた人が、彼の新しい客になっていた。

２００６年の調査の後、仕立屋Ｓの徒弟たちは親方ともめ、アジズ以外は仕立屋Ｓを離れた。仕立屋Ｓを離れた後も、よりよい条件を求めて勤め先や自分の住居を頻繁に変えた徒弟もいたが、せっかく通い始めた客と連絡が取れなくなるなどして思うように固定客ができず、独立に至るまで苦労したようだ。仕立屋Ｓに残り、自宅も変えずに働き続けたアジズは、着実に固定客を増やし資金を貯めて、満を持して独立した（写真４）。

写真 **4**　アジズの開いた仕立屋

着ながら、つくりながら知ったこと

ボボジュラソの女性たちと同じ服を着たところで、彼女たちがなぜその衣服を日常的に身に着けているのか、真に彼女たちと同じように理解することはできないのかもしれない。しかし、ボボジュラソでパーニュを用いた衣服を着続けた結果、私はいつしか、特別な行事に参加するときの服装は、ワンピースやスーツよりも、パーニュのアンサンブルのほうが違和感がないという状態になった。帰国後も1年ほどこのような状態が続き、日本での友人の結婚式にパーニュのアンサンブルを着ようとして、「それはふさわしくない」と家族に不快な顔をされたりした。

自分でも実際に衣服を仕立て身につけるなかで、パーニュを用いた衣服は、自分の周囲の人との関係のなかで一着一着がつくられるということを知った。どんな衣服をまとうかということは、その人にとって、その人自身の選択には違いない。しかし、その選択は、誰かと誘い合わせて同じ絵柄の布を買う、誰かとおそろいのデザインにする、誰かの意見を取り入れる、あるいは誰かに選択をゆだねるなど、日常のなかで親密にかかわる顔の見える関係のなかで行われる。洋服などの既製服でも、誰かとおそろいにすることはできるだろう。しかし、パーニュのアンサンブルは、より多くの要素を選び他にはない衣服をつくり出すことができる。女性たちにとって、誰か懇意にしている人とおそろいの服を身につけることは、服を着るうえで非常に大事なことのようであった。それは気に入った服を着る喜びにとどまらず、誰かと同じものを共有する喜びであり、誰かとの連帯を感じ周囲にも示す喜びであり、そしてまた、それを理由におしゃれを楽しむチャンスでもあるのかもしれない。

女性たちは小規模な仕立屋で個々に衣服を仕立てる。信頼できる仕立屋がいれば、自分の予想以上の服を実現してもらうことも可能で、その点も大きな魅力であろう。冒頭に述べたように、私はシルビィとのたわいもない会話から徒弟たちの個人の仕事を知ることになった。当初は自分の研究テーマとの明確なつながりをみつけられないままに調べ始めたが、それがアジズと信頼関係を築くことにつながり、自分の着る服のデザインについてアドバイスをもらったり、デザインの選択を任せたりする経験につながっていった。また、徒弟の個人の仕事について調べたことで、このことがのちに調査中に不思議に思っていた点とつながった。仕立屋が新しい客をどのように獲得しているのかを、アジズの事例で間近にみることができた。また、仕立屋の事業にとって、自分をじかに知ってもらうことや、自分がつくった衣服の評判、口コミが広まることが非常に重要であることを知ることができた。女性が身近な人との関係性のなかでパーニュを用いた衣服をつくり着ている、その仕組みを、仕立屋の側からも理解することができたと思う。

以上のように、ボボジュラソでの暮らしを振り返ってみると、居住者としての経験が、調査者としての観察や聞き取りを補完したり、あるいは新しい発見を加えたりしてくれたと思う。調査者としてだけでなく、居住者として時間を過ごすなかで、おしゃべりのなかから調査に有益な情報を得たり、周囲の人をまねて同じ服を着たことで初めて気づくことがあった。また、明確な理由をみつけられないまま興味に突き動かされて調べていたことが、調査にとっても重要な気づきを得るきっかけとなった。なにより、私にとって、ベルナデットの日常生活の観察や、アジズたち徒弟の個人の仕事の観察は、彼らとの信頼関係を築いたからこそ経験できたことであった。このことは、地道に時間をかけて周囲の人たちと関係を築くなかで調査をするフィールドワークの、大きな存在意義の一つであると思う。

Column 2

旅する「モラン」と赤い布

ケニア、マサイ系牧畜民・サンブルの地にて

中村 香子
NAKAMURA Kyoko

「遊牧の民」のサンブルの人びとにとって「旅」はある意味で「日常」だ。とくに「モラン（戦士）」とよばれる未婚の青年たち（写真1）は、遠くの親戚や友人にモノや家畜を届けたり、ある長老が遠くに住む別の長老に相談事があればそれを届けるメッセンジャーになる。彼らには、遠方への「配達人＝旅人」の役割が与えられているのである。ここでは、モランの旅と彼らがいつも身にまとっている「赤い布」を中心にお話しよう。

ある朝のチャイ（ミルクティー）タイム。ものすごい歌の名手がいるという話で盛り上がった。「一度、直接その人の歌を聴いてみたいなあ」と私がいうと、その場にいたモランたちが「じゃあ、行くか」という。そんなに気軽に行くというのだから近いのかと思えば、「今から出れば日暮れには着くだろう」とのことだった。最短で2泊3日の旅になる。いつも身に着けている赤い布だけで着の身着のまま出かけられる彼らにとって、旅は「思い立ったが吉日」というより「思い立ったが吉時」というべきか。私はあわてて旅の準備にとりかかる。

ノート、レコーダー、カメラ、ビデオ、GPS、それぞれのバッテリーなどの調査道具はもちろんだが、泊まるとなると、寝袋、寝巻き、洗顔セット、着替え、日焼け止め、虫除けスプレー、懐中電灯、薬セット、防寒のジャケット…などなど、たった3日なのにかなりの荷物になる。なんとか少

しでも軽くしようと、シャンプーはもって行かない、でも日焼け止めとローションは必要・・・などと、細かく必要／不必要を検討してようやく旅支度が整う。

３人のモランと私。４人で出発した。大きな山をひとつ越えたあと川床をかなり歩いて、汗だく、へとへとになったころ、ひとつの水場に着いた。目的地はもう遠くはないという。水場では、その土地のモランと娘たちがウシやヤギに水を飲ませていた。彼らと少し話をした連れのモランたちは、この水場で水浴びをしてから行くので、しばらく木陰で休むという。待ちに待った休憩だ。川床の木陰は、砂地がひんやりと冷えていて、腰を下ろすと何とも気持ちがいい。私は蒸れた靴と靴下を脱ぎ捨てた。仰向けになって昼寝をしたい衝動に駆られるが、精密機械がたくさん入ったバッグを枕にするわけにはいかない。仕方なく砂地にじかに頭をつけると、汗ばんだ地肌に砂がからみついて案の定うまくないので、帽子をまるめてその上に頭をのせてしのぐ。モランたちはといえば、腰巻布の上に重ねるように巻きつけていた赤い布を広げ、その上に気持ちよさそうに寝転んでいる。彼らの赤い布は、「ゴザ」としても使えるのである。

人びとと家畜が水場から去ると、モランたちは起き上がった。「自分たちはここで水を浴びるので、きみもあっ

写真１　サンブルのモラン
赤い布とビーズ装飾がトレードマーク．

ちの女性の水場で汗を流すといい」。そういわれても、私は今回は「水浴びグッズ」（シャンプー、石鹸、タライがわりの小さなプラスチックのジャー、身体をこするナイロン布、濡れた身体をふく布）は置いてきた。無言の私に、「石鹸ならあるよ」と、3人そろって腰に巻いたベルトに縛り付けていた「ハイソックス」から石鹸を取り出してくれた。しかし、私としては「水浴びグッズ」のすべてがそろっていないと水浴びは難しい。大きなバッグを抱えてきたのに、ひとりだけ水浴びできない私。なんともいえない敗北感だ。彼らが石鹸を取り出した「ハイソックス」は彼らの「腰巾着＝バッグ」だ。大切なものはこれに入れて、腰巻き布の上から巻いている皮ベルトにしばりつける。石鹸、ライター（もしくはマッチ）、おカネ、カミソリ、小さな鏡、咬みタバコのはいった小さな容器など必要なものがコンパクトにソックスのなかにおさまっている。

全身の汗を流してさっぱりした彼らと、べとついた身体に砂まじりの髪の毛の私は旅を続けた。夕暮れが近づき、気温が下がってきた。休んでいる間に汗がひいてTシャツが冷たい。バッグからジャケットを取り出そうかと迷いつつ歩く。前をいくモランたちは、歩調をゆるめることもなく、腰に巻きつけていた赤い布をほどいて広げ、上半身にまといなおしている。そのまとい方だが、適当に身体に巻きつけているのではなく、きちんとしたスタイルがあるのだ。襟元はふんわりともちあがりマフラーのように首まわりにゆったりと巻きつきながら上半身全体をマントのように覆う。両手が隠れてしまわないように、肩のところで微妙にたくし上げる。首元や肩のシワが、全員の布に同じようによっていて、もとはただの四角い布とはとても思えないほど恰好いい。一方の私は、「ちょっと待って」と一行の足をとめ、地面に置いたバッグをひっかきまわし、しわくちゃになったナイロン・ジャケットをひっぱり出して袖を通した。比較にならないぐらい無様なのである。

日暮れ時にひとつの集落に着いた。目的の人物は翌日探すことにして、今夜は、ひとりのモランの遠い親戚にあたる女性の家に泊めてもらうことになる（写真2）。夕食をすませ、早々に寝ることにする。私は家の主の女性にタライ一杯の水を乞い、家の外で顔と足を洗う。家のなかにもどると、モランたちは赤い布に頭のてっぺんから足先まですっぽりくるまり横になっていた。衣装が見事に寝具に早変わりだ。これなら、自分が横になる小さなスペースを乞うだけで何の迷惑もかけずに泊めてもらえるし、家の主のほうも、突然の来客も寝具の心配などまったくせずに泊めることができる。一方の私は、暗い部屋のなかでごそごそ、もぞもぞ・・・やっとの思いで寝巻きに着替え、カバンのなかで妙にスペースをとっていた寝袋を取り出して広げ、なかにもぐりこむ。ああ、寝袋・・・。この愚かなる文明の利器が、サンブルの家のなかで使うのにまったく適していないことはすでに知っていた。暑すぎて、夜中には身体をほとんど外に出して寝ているのだから。

翌日は歌の名手に会い、噂どおりの魅力的な彼の歌をたっぷりと楽しみつつ録音もさせてもら

写真 **2**　ただの四角い布が・・・

い、もう一泊して翌々日に予定通り帰路についた。帰り道、山のうえで雨に降られた。私の荷物が濡れてはたいへんなので、大きな木をみつけて雨宿りすることにした。３人のモランは、今度は頭からかぶるスタイルで赤い布をまとっている。フードつきマントである。雨上がりの道を歩きながら、私はひとつのアイデアにとりつかれていた。そのアイデアとは、「彼らと同じ赤い布を買って、それを寝袋の形に縫ったらどうだろう」というものだ。薄くも厚くもないあの赤い布はサンブルの気候にぴったりマッチしている。洗ってもすぐ乾くし、荷物にもならない。アイデアは大正解だった。荷物はスリム化されたし、頭から足の先まで袋のなかにすっぽり入る長方形の袋状に縫ったこの袋は、ノミ・ダニなどの虫が侵入しづらく快適安眠このうえなしだ。起きているときはショールにもなる。

この寝袋、擦り切れては新たに仕立て直し、もう何代目だろう。最新型は、内側からジップで密封できるタイプに進化した。モランの知恵を盗みつつ、私自身もその後、かなり進化している。小さな石鹸と日焼け止めはいつもポケットにしのばせているし、この「寝袋ショール」で今では、いつでもどこでも自分の家のように快適に眠ることができるし、なにしろ「なしですます」快感をおぼえたので、そのほかの荷物もだいぶそぎ落とされた。

ところで、この赤い布の正体は、ケニア製のアクリル百パーセントの工業製品で、その名も「マサイ・ブランケット」という。赤系、黒系、緑系、青系…さまざまな色があり、東アフリカの牧畜系民族に広く愛されている。余談だが、２０１２年のルイ・ヴィトンのコレクションに「マサイ」という名でこの赤系のチェック模様とそっくり同じ柄のストールやマフラーが登場した。ヴィトンさん、人にコピーされるのはお嫌いのようだが、コピーすることには抵抗がないのだろうかと皮肉りたくなる。いずれにしても、「ヴィトン・マサイ」。どんな世界のトップモデルでもモランほど恰好よくは着こなせないだろうな。

Part III

日常生活を支える工夫

フィールドの自然環境が過酷であるほど、衣食住の技術は調査にとって必須の要件となる。ここでは、そのようなフィールドでの衣食住の実際について述べる。第5章（菅沼）では、南極の無人地帯というフロンティアでのフィールドワークにおける衣食住について、徹底した事前準備の様子やフィールドでの工夫を交えて紹介される。第6章（石本）では、乾燥の厳しいアフリカ・サヘル地域に暮らす農牧民を対象とした食事調査において、自身の健康を確保し、しかも住民の負担がないように調べることの難しさ、そしてそれを克服するための試行錯誤が述べられる。第7章（藤本）は、アフリカの森林でのチンパンジー追跡調査中における日常生活についてである。一日の活動をチンパンジーのそれに合わせつづけることの難しさ、予定の立たない状況下での心情や行動が描かれる。

5 南極におけるフィールドワークの生活技術

菅沼 悠介
SUGANUMA Yusuke

風との戦い

ゴー。突然の轟音で目を覚ます。予報どおりにブリザードが近づきつつあるようだ。しかし、風は一定の速度で吹きつけるのではなく、唐突に突風が襲ってくるという感じだ。

ゴー、遠くから風の音が先に聞こえてくる。さきほどよりもさらに強い風に襲われ、North Face VE-25テントのポールが激しくたわむ。本来は3人用のテントだが、われわれはそれを各自で一つ使っている。その地を這うようなフォームから高い耐風性能をもち、多くの厳冬期登山や高峰遠征隊で使用されてきたテントだが、今回はさらに耐風性能を高めるように特注で改造を加えてある。しかし、すでに2カ月を過ぎた長い調査期間に、テント生地は強烈な紫外線と激しい風雪を受けてひどく痛んでいる。この状況で、これから本格化するブリザードを最後まで耐え抜くことができるのだろうか？

腕時計をみると、夜の2時をまわったところだ。しかし、南極の夏は暗くはならない。２０１０年1月14日、第51次南極地域観測隊での調査時のことだった。

南極でのフィールドワークから探る地球環境変動の過去と未来

南極大陸は、南極横断山脈を境に東南極と西南極に分けられる。東南極のほうが面積・氷床厚ともに西南極より圧倒的に大きく、なんと全地球上の淡水の約6割が氷として存在している（図1）。私は東南極のセール・ロンダーネ山地とよばれる地域をターゲットとして、過去の氷床の変動を研究している。

一般に、南極大陸というと全域が氷と雪に覆われているイメージだが、じつは3％ほどの地域は雪も氷も被らず、砂れきと岩石だけが広がる「砂漠」だ。私がフィールドワークを行っているセール・ロンダーネ山地もこういった場所で、標高3000mに達する山々が南極氷床を突き抜ける形で顔を出している（写真1）。こういった山地では、氷床変動の痕跡が「氷河地形」として残されており、これらを調べることで数百万年間にわたる東南極氷床の変動を知ることができる。現在、二酸化炭素濃度の上昇にともなう地球温暖化

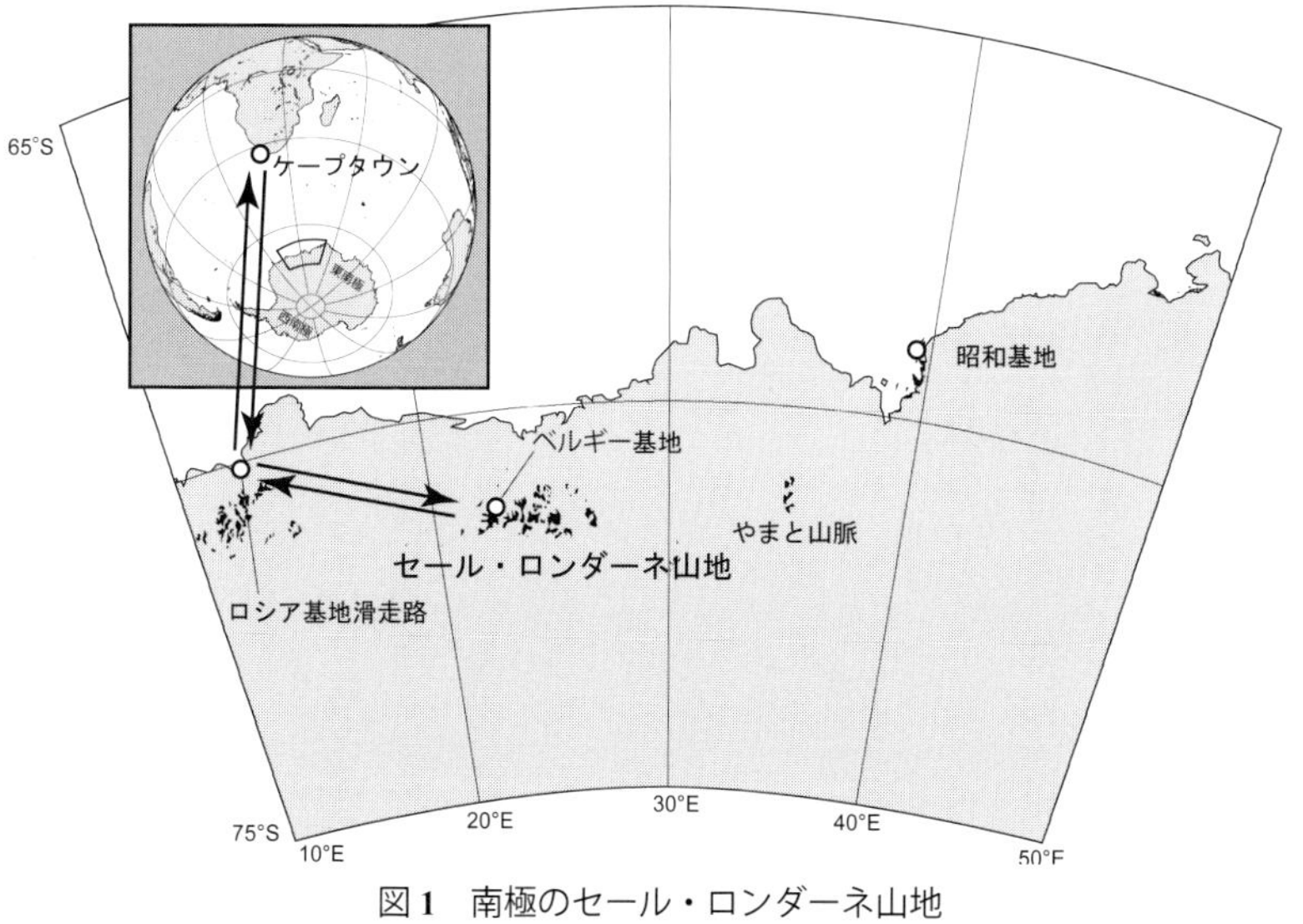

図1　南極のセール・ロンダーネ山地

によって南極氷床が融け、その水によって海水面が上昇することが心配されているが、じつは地球の歴史を調べると数百万年前の二酸化炭素濃度は現在の値に近いこと、そして当時の地球は今よりもかなり暖かかったことがわかってきた。つまり、過去の南極氷床を調べることで、温暖化が進行した状態の南極の姿を知ることでき、地球環境変動の将来予測に役立てることができるのだ。

ただし、南極大陸でのフィールドワークは、他の地域で行われるものとはまったく異なり、かなり厳しい自然のなかで遂行することになる。まず、研究活動の前にフィールドワークを無事に終えること、つまり死なないことが大前提であり、そのためには、入念な準備、万全な装備、そして各人の耐久力が重要なファクターとなる。本章ではこれらのファクターに焦点をあてて、南極という極限状態でのフィールドワークがどのように行われているかを、私の体験をもとに紹介したい。そして、この厳しい条件を乗り越えた先にある自然科学の魅力をお伝えしたい。

厳しい隊員選考と極地で生きる訓練

日本の南極地域観測隊、通称「南極観測隊」の隊員編成は、南極出発の約1年前からスタートする。南極観測隊には、越冬隊と夏隊があり、夏隊は南極の夏期間、つまり北半球では冬となる12月下旬から2月上旬にかけて現地で活躍する。一方、越冬隊は文字通り南極の冬を基地で過ごし、その活動期間は前年の12月から翌年の2月までの約15カ月間ととても長い。現在、日本の南極観測隊はおもに昭和基地周辺で活動していて、スポット的に昭和基地から遠く離れた場所（たとえばドームふじ基地）への調査隊が編成される。観測隊隊員には、研究者だけでなく、昭和基地の維持・運営にかかわる医療、調理、建築、土木、電気などの担当者もいて、それぞれの分野におけるスペシャリストが大学・企業からの推薦や、公募によって選ばれている。

私の参加した第51次隊（２００９～２０１０年）と第53次（２０１１～２０１２年）南極観測隊のセール・ロンダーネ山地調査隊（以後セルロン隊）は、南極への移動から現地での調査期間を通して、観測隊本隊から完全に独立した別働隊として組織された。セール・ロンダーネ山地は、南極観測隊の活動エリアのなかでも一際厳しい環境下であり、かつて死者は出なかったものの南極観測史上最大ともいえる事故が起きた場所でもある。本章ではとくに第53次の活動についてご紹介する。

セルロン隊では約３カ月という長期間のフィールドワークを行うため、その隊員はとても慎重に選考される。第53次の隊員は、まず私が隊のリーダーを担当し、ほかに研究者２名、測地（地図作成）担当１名、そして野外活動スペシャリストであるフィールドアシスタント（ＦＡ）１名の計５人のメンバーだ。研究者は、まず該当する研究分野から、研究実績およびその分野バランスを考慮したうえで、経験、体力、そして精神的な安定性を重視して選んだ。南極観測隊の測地担当については、例年国土地理院から派遣されている。国土地理院は、国内のあらゆる場所（離島や高峰の頂上など）を測量

写真１　セール・ロンダーネ山地

するため、担当者は豊富なフィールドワーク経験をもつが、今回はそのなかでも選りすぐりの隊員が派遣された。またＦＡ隊員は、ヒマラヤなどの高峰登山経験だけでなく、昭和基地での越冬経験から研究活動への理解も深く、なおかつ本業が登山ガイドということで温和な人柄であり、最適の人材であった。ただ、隊員を選考したといっても、この時点ではいまだ南極観測隊の隊員候補者であり、その後に健康診断や面接、そして各種の訓練を終えて初めて隊員と認められる。そのなかで意外に難点となるのが健康診断だ。南極観測隊の健康診断は、一般に人間ドックとほぼ同様の検査項目で行われるが、そのチェックはとても厳しい。過去に多くの隊員候補が健康診断をクリアできずに涙をのんできた。さらにセルロン隊は、登山など高峰での活動があるため、平衡感覚チェックなどの追加検査項目が加わった。

ところで、よく知られるように、最高の人材を集めたとしても、チームとしてうまくいくとは限らない。セルロン隊は、基本的に５人だけで３カ月間以上も過ごすため、チームワークが維持できないと精神的にもかなり厳しい。また、長期のフィールドワークでは、調査中に隊員間が不仲になり、その後は別々に調査したなどのエピソードを聞くが、南極フィールドワークでは単独行動はきわめて危険であり、こういった事態は許されない。したがって、セルロン隊のようなチームでは、隊員の協調性とともに、リーダー以下の指示系統のハッキリした組織を念頭において隊員を選ぶことも大切だ。

さて、フィールドワークにおいてはまず自分の安全を確保することが最優先事項だが、南極ではその度合いがきわめて大きくなる。とくに沿岸から１００㎞以上も離れたセール・ロンダーネ山地では、最低気温はマイナス25℃、最大風速は30m/s以上にもなる過酷な環境だ。また、セルロン隊には医療隊員が同行しない。そのため、緊急時には自らある程度の医療行為も行える技術をもっている必要がある。

われわれは、南極出発の10カ月前から、キャンプ技術、雪氷上での活動技術、およびセルフレスキュー技術（ロープワーク、クレバス脱出、負傷者の引上げと搬送など）を習得するために、積雪期の山岳地帯で訓練を積んだ。とくに、二回目の春山訓練では、立山連峰を縦走し、雪氷上活動を充分に経験した。また、セルロン隊のフィールドワークで最も危険性が高いのが、クレバス落下だ。この危険に対処するために、雪壁を利用したクレバス脱出・救出の訓練を繰り返し行った。9月には、新潟県・村上市消防本部の施設を借りて、救急救命訓練を実施した。昭和基地で越冬予定の医療隊員も参加し、骨折や出血などの緊急処置が必要な外傷に対する基本的な医療行為の技術も学んだ。南極での外傷時に最も問題となるのは、体温の低下だ。たとえば大腿骨などの重要部位を骨折した場合には、全血液の6分の1程度である約1ℓ（体重60kgの場合）が失われ、結果として低体温の危険が発生する。そこで、南極での現場を想定して、凍った点滴溶液をバーナーで暖めたうえでの点滴法などの実践的な訓練を積んだ。また、セルロン隊のフィールドワークでは、基本的にスノーモービルとソリに物資を積み込み、ベースキャンプを移動させながら調査を進める。だから、もし調査中に故障が発生したら大問題だ。そこで、エンジン内部は無理としても、足まわり、ブレーキー周辺、そして燃料・キャブレター系のメンテナンスについて、専門技術者からの講習を受け、低温下でも作業できる技術を身につけた。

空路で南極大陸へ

２０１１年11月、成田空港を飛び立ったわれわれは、シンガポールと南アフリカのヨハネスブルグを経由して、翌日昼にようやくケープタウンに到着した。第53次のセルロン隊は、砕氷船しらせを用いて昭和基地へ向かう南極観測隊の本隊と異なり、南極大陸へのアクセスにはドロンイングモードランド航空ネットワークとよばれる国際共同運行の飛行機便を使って、南アフリカのケープタウンからロシア基地滑走路を経由して南極のセール・ロンダーネ山地に向かう（図1、矢印参照）。ケープタウンでは、日本から別便で輸送した食料、キャンプ道具、および調査道具など計3トンの物資を整理し、南極への輸送準備を済ませた。また、ロシア、イギリス、ドイツ、ノルウェー、ベルギーなど各国の観測隊隊員とともに、南極行きのフライトについてのレクチャーも受けた。このレクチャーは、フライトに関する細かなルール説明もするが、基本的には「墜ちるかもしれないから覚悟しろ」がおもなメッセージだ。その後、南極の天候条件が整った段階でケープタウン空港に移動し、イリューシン76とよばれるロシア製のジェット機に搭乗すると、飛行機はあっさりと南極へと飛び立った。イリューシン76はソビエト時代に開発された輸送機で、コックピット以外には窓がなく、防音構造もないために飛行中はとてもうるさい。また、座席もパイプ椅子より少しよい程度の簡易的なもので、とても快適といえるものではなかったが、それでもわずか6時間のフライト後には南極大陸に足を踏み入れるのだと思うと興奮を抑えられなかった。

ここで、南極に向かった先に着陸すべき滑走路があるのかという疑問が浮かぶかもしれない。答えとしては、もちろん滑走路はある。ただ、それは普通の空港とはまったく異なり、氷床上を重機で除雪し、平坦にしただけの氷の滑走路だ。われらがイリューシン76は、この氷の滑走路に直接降りることになる。想像するとかなりスリリングだが、実際は操縦席の後にあるモニター以外で外の様子を知る手段はなく、実感は沸かない。それより

写真2　南極の「空港」から飛び立つバスラーターボ機

も、到着に備えて狭い機内で防寒着を身につけるのに必死だった。真夏のケープタウンから来たわれわれは、かなり薄着で搭乗していたのである。さて、ロシア基地滑走路に到着した後は、飛行機を乗り換え、今度はベルギー基地を目指す。セール・ロンダーネ山地にはベルギー南極観測隊が運営する基地が夏期のみ開かれていて、われわれはこのベルギー基地からの協力のもとフィールドワークを行うのだ。乗り込む飛行機は、バスラーターボというプロペラ機で(写真2)、なんと第二次世界大戦前に製造された機体にエンジンだけ載せ替えて再利用しているものだ。しかし、このあと急激な天候悪化のためフライトはキャンセルとなり、結局ベルギー基地へ飛び立ったのは、滑走路脇の小屋で3日間停滞したのちのこととなった。

ロシア基地滑走路からベルギー基地へのフライトはおよそ2時間。いよいよセール・ロンダーネ山地に到着した。ベルギー基地では、まず基地においてあるスノーモービルを整備

写真3　スノーモービルに，荷物を満載したソリを連結して，調査地に向かう

して「足」を確保したあと、輸送物資を整理した。そして、一週間ほどスノーモービルの運転や雪上上活動などを訓練した後、調査地への出発を迎える。各自1台のスノーモービルにそれぞれ2台のソリを連結し、約200〜250kgの食料、燃料、キャンプ道具、調査物資をしっかり荷づくりしたら出発準備は終了だ（写真3）。いよいよ約3カ月間の南極フィールドワークの始まりである。

南極調査の一日

ここで南極でのフィールドワークの一日の流れを紹介しよう（表1）。まず、セール・ロンダーネ山地では昭和基地時間（日本時間とはマイナス6時間の時差）を用いるが、基地から800kmほど西に位置するため、実際の時刻はさらにマイナス2時間ぐらいのズレがある。また、南極ではカタバ風とよばれる風向一定の強風が早朝から昼頃にかけて吹くため、起床時刻は通常少し遅めの8〜9時頃とした。

南極調査の一日は、まずお湯を沸かすことで始まる。前日の晩に魔法瓶に入れておいたお湯も、低温のためすでに水になっているからだ。お茶やスープで冷えた体を温めたあとは、かなりたっぷり朝食をとる（表2）。セルロン隊の食料は、南極への輸送重量を減らす必要性から、フリーズドライ食

表1　一日のタイムテーブル

8:00	起床
8:30	朝食（ラーメン，雑炊，パスタのローテーション）
9:00	気象観測，テント周り＆スノーモービル点検
10:00	無線チェックの後，調査地へ出発
12:00	昼食（行動中随時）
18:00	帰投（調査地によってはさらに遅くなる）
19:00	テント周りチェック，スノーモービル点検・給油
20:00	水・お湯づくり
21:00	気象観測
21:30	昭和基地との定時交信，調査データの整理
22:00	夕食
0:00	就寝（お風呂は無し）

＊食事内容は表2の献立表を参照

品や乾麺などを基本としている。朝は調理時間の短いラーメンやパスタなどの麺類か雑炊などをとることが多い。日中は、カロリーメイトなどの軽食以外の食事をとらないので、ここでその日の行動に必要なカロリーを摂取しておく。

テント周辺およびスノーモービルのチェックを済ませて、10～11時頃にはその日の行動を始める。行き先によって装備を多少変えるけれど、基本的には万が一の時にも対応できるように、万全の装備で出発する。調査地は広範囲に渡り、遠い場合にはベースキャンプから１００㎞も離れた場所に行くこともある。ベースキャンプの移動はとても大変で、また適した場所もそれほどないため、長時間移

表 **2**　セルロン隊の献立（例：**5** 人 **3** 日分）

	品目	個数
朝食	パスタ	1 kg
（1 日目）	オーマイパスタ生風味	6 食
朝食	うまかっちゃん（ラーメン）	5 食
（2 日目）	スライス餅（60 g）	15 個
朝食	かに雑炊（フリーズドライ）	10 食
（3 日目）	切り餅（50 g）	15 個
行動食	羊羹	10 本
（3 日分）	一本満足バー	15 本
	玄米ブラン	7.5 袋
	バランスアップ	7.5 袋
	ソイジョイ	7.5 本
	カロリーメイト	7.5 袋
	ザ・カルシウム	5 袋
	ソーセージ	15 本
	カルパス	5 本
	カーボショッツ	2.5 個
	アミノバイタル	2.5 個
	飴	30 粒
夕食	猿払産ほたて刺身	人数分
（1 日目）	日本海産ボタンエビ刺身	人数分
	礼文産キタムラサキウニ	人数分
夕食	知床産カレイ煮付け	人数分
（2 日目）	あしたばのお浸し	人数分
	知床オコツク番屋の鮭塩焼き	人数分
	チキンシチュー	人数分
夕食	ひじきサラダ	人数分
（3 日目）	知床産エゾジカのロースト	人数分
	猿払産ほたて入り青菜お浸し	人数分
	玉子焼き	人数分
	アルファ米（２食分）	6 袋
	アルファ米（五目ご飯 1 食分）	3 袋
	フリーズドライ味噌汁・スープ	45 食

＊夕食はいずれもフリーズドライを利用

動が必要でも日帰り調査のほうが効率はよいのだ。ただし、その分天候急変時の危険が増すために、天気予報のみに頼らず、気象状況を常に気にかけて慎重な行動をする必要がある。

調査地までの移動ルートは、事前に衛星画像データを解析し、クレバス帯など危険箇所を避けるよう設定している。そして、実際のスノーモービルでの移動中も、リーダーが先頭となってGPSで現在地とルートを確認しながら進む（口絵参照）。しかし、それでもクレバス帯に入ってしまった場合には、フィールドアシスタントと連携し、時にザイルを結びながら慎重にルートを選定し、安全を確認した場所には赤旗を立てるなどして、後続車が誤ってクレバスに落下しないように注意しながら進む。ところで、研究者は気になるもの（私の場合は岩石など）をみつけると、周りに目もくれず飛びついてしまう習性がある。けれでも、南極のフィールドワークでは、このような行動はとても危険だ。とくに露岩と氷床の間には、ベルクシュルンドとよばれる深い隙間や、強風によって削られた窪み（ウィンドスクープ）がある場合が多い。ウィンドスクープは横からだとなかなか存在に気がつかないが、じつは数階建てのビルの高さぐらいの絶壁だったりする。したがって、行動中は常にリーダーの通過したルートをトレースするとし、ルートを外れる際には必ずリーダーとＦＡが先に安全性を確認することを徹底した。

さて、われわれの調査地は砂れきが広がる山岳の斜面や山頂部などであるために、スノーモービルで充分近づいた後は、登山行動に移ることが多い。ザックに物資を積み込み、場合によってはアイゼン（靴底につける金属の爪）を装着し、さらに急斜面ではザイルを用いて安全を確保しながら調査地を目指す（写真４）。南極での登山では、もちろん登山道などなく、しばしば前人未踏のルートや山を登ることになる。そして、登った先には、これまで誰も見たことのない大絶景が広がり、最高の気分を味わうことができる。これは南極フィールドワークの醍醐味の一つだ。もちろん、われわれの目的は登山ではないので、調査地では地形地質の調査や高精度GPS測量を行うとともに、岩石試料も大量にサンプリングする。この試料が過去の南極氷床を調べるうえでの鍵となるのだ。調査地からの帰路は、十数kgも重量を増したザックを背負っての下山となる。通常の登山でも事故は下山中におきることが多い。慌てず、無理をしないように帰路を進むことが肝要だ。

ベースキャンプまで戻ったら、まずはスノーモービルの給油およびメンテナンスをし、サンプルの整理やテント周辺の状況を確認したあと、フィールドワーク装備を解く。帰還時刻は調査地の距離によっても変わるが、通常は18〜20時頃、遅い場合には21時を過ぎることもあった。そのあとは、リラックスモードだ。共同テントに入り、お湯を沸かし、お茶などを飲んで冷えた体を温める。そして、調査のまとめをしながらゆっくり夕食をとる。また、夕食中には南極観測隊本体と無線交信し、安全報告とともに、翌日の天気予報をもらう。かつて昭和基地

写真4　スノーモービルを停めて調査地に向かう
滑落やクレバスへの転落などの事故に備えて，ザイルで安全を確保しながら進んでいく．

では、外部との連絡をすべて無線交信で行っていた。それが現在、昭和基地では24時間インターネットに接続可能であり、日本国内にある国立極地研究所とは内線（世界一離れた内線でギネスブック登録）でつながれている。しかし、そこはやはり南極。基地を一歩出ればこのような通信環境は望めなく、セール・ロンダーネ山地のような場所では基本的な通信手段はやはり無線交信だ。ただし、それでも現在は衛星電話などの通信機器も発達し、高額の通信料金のため頻繁な連絡はとれないものの、非常時には電話連絡ができるようになっている。さて、昭和基地との通信を終えると、その日の日課はほぼ終了となる。疲れた体を休めるためにも、日付が変わる前には個人テントに戻り、長い一日が終わる。

生命を守る衣食住

世界中のどこにおいてもフィールドワークの基本となるのは衣食住だが、南極でのフィールドワークにはやはり独特のノウハウがある。食については阿部幹雄さんのコラムを参照してもらうとして、ここではおもに衣と住について紹介したい。両者は、基本的には装備の特性を理解したうえで、最適のものを選択し、さらに必要があれば改良を加えていくという意味で同一の思想をもつものだ。また、セルロン隊では、特殊な環境を踏まえて、過去の隊員から受け継がれたノウハウをもとに隊員自ら装備の選定を行っており、昭和基地周辺に展開する南極観測隊本隊と比べてかなり独自性が強い。

南極でのフィールドワークの根幹をなすのはテントである。ブリザードなどに襲われた際に、命を守る最後の砦となるのはテントだからだ。われわれは各自一つのテントを使用したが、これは小型テントのほうがより耐風性能が高いことに加えて、5名のメンバーだけで3カ月もの長期間を過ごすという特殊環境下で、狭いテントを複数の人間で共有するのはハッキリいって厳しいためである。選定したのは、前述のようにNorth Face VE-25テントである。一方で、食事や調査資料の整理などのために、North FaceのDome 5とDome 8という大型テントを用意し、居住テントとした。これらのテントはかなり大きく、当然VE-25と比較すると耐風性能は低い。われわれはこれらのテントには耐久性が増すように特別の改造を施した。たとえば、阿部幹雄さんのアイデアによって、VE-25も含めすべてのテントはスカートとよばれるスソの部分が拡張してある。これは、ブリザードが吹き込んでテント自体が持ち上げられることを避けるためであり、実際に非常に有効だった。一方、軽量化された最近のテントでは、生地が薄いために紫外線による劣化が無視できない要素となっている。とくに南極地域においてはオゾンホールの影響もあり、強烈な紫外線が一日中注いでいる。このため、テントの生地は1カ月もすると退色が進み、その耐久性も著しく落ちてしまう。冒頭で紹介した２０１０年のフィールドワーク中に襲われたブリザードでは、VE-25は何とか最後まで耐えたものの、Dome-5は完全に破壊されてしまった（写真5）。これは紫外線によって劣化した生地が突風で裂けてしまい、強風がなかに吹き込んだことで破裂してしまったと考えられる。そこで第53次のセルロン隊では、生地の状態にかかわらず1カ月ごとテントを交換した。その結果、テントが破壊されるような危機の発生を防ぐことができた。

ベースキャンプでは、テントおよびその他の物資の配置もとても重要だ。カタバ風が起こす地吹雪

写真5　壊れてしまった居住用テント

Dome5テント（写真6参照）が，過酷環境下で劣化し，突風によって破裂してしまった．

でテントや物資が埋没してしまうため、ベースキャンプごとにカタバ風の向きを想定したうえでこれらを配置する。基本的には、風向きに対して列を成すように配置して、大型のものの後にできる「吹きだまり」を回避するように配置することがベターだ（写真6）。しかし、実際にブリザードに襲われた後には、どうしても多くの物資が埋まってしまうために、結局は掘り起こすことにもなる。そもそも、自分のテントから出られなくなる危険もあるため、スコップやピッケルなどは常に手元に置いておく。また、ブリザード時には、視界が失われるためとても危険だ。そのため、すべてのテントの間には事前にライフロープを張っておく。

次に、衣服について紹介したい。最も外側にはアウターウェア（ジャケット・パンツ）、登山靴または防寒靴、顔は目出し帽にゴーグル、手元は手袋（写真7）。それに非常用具を入れたザックに、ピッケル。これが基本的なスタイルだ。これらに加えて、必要時にはハーネス（安

写真 6　ベースキャンプ
吹きだまりができないように考慮して配置する.

表3　セルロン隊の装備表（その1）

装備名	品名・規格	数量
帽子	ホグロフス：FANATIC PRINT CAP	1
防寒帽	ノースフェイス：特注品	1
目出帽1	ホグロフス：WS BALACLAVA	1
目出帽2	ノースフェイス：Stretch Balaclava	1
ネックゲイター1	ホグロフス：NECK GAITER	1
ネックゲイター2	ノースフェイス：Power Dry Grid Neckgaiter	1
羽毛服（上）	ホグロフス：NUBE HOOD	1
羽毛服（下）	ホグロフス：NUBE PANTS	1
アウタージャケット1	パタゴニア：SHELTER STONE JKT	1
アウタージャケット2	ホグロフス：ARETE JKT	1
アウタージャケット3	パタゴニア：SHELTER STONE JKT	1
アウターパンツ1	パタゴニア：POWDER BOWL PANTS	1
アウターパンツ2	ホグロフス：ATOM Ⅱ BIB	1
アウターパンツ3	パタゴニア：POWDER BOWL PANTS	1
中間着（シャツ）	ホグロフス：YOYO ZIP HOOD	1
中間着（ジャケット1）	パタゴニア：M's DOWN SWEATER	1
中間着（ジャケット2）	パタゴニア：R3 JKT/ ホグロフス：FROST JKT	1
中間着（ジャケット3）	ホグロフス：BARRIER HOOD	1
中間着（パンツ1）	パタゴニア：Insulator Pants	1
中間着（パンツ2）	パタゴニア：Alpine Guide Pants	1
中間着（パンツ3）	ホグロフス：BARRIER Ⅱ PANTS	1
肌着（上下組）1	パタゴニア：Merino3 Mid-Zip Neck/Bottoms	1
肌着（上下組）2	パタゴニア：CAP3 Mid-Zip Neck/Bottoms	1
肌着（上下組）3	パタゴニア：R1 Hoody/Pants	1
肌着（上下組）4	ホグロフス：ACTIVE ZIP TOP/LONG JOHN	1
肌着（上下組）5	モンベル：ZEO LINE EXP TOPS/PANTS	1
手袋1	ノースフェイス：AMADABLAM GTX	1
手袋2	モンベル：POWDER GLOVE	1
手袋3（試料採取用）	ノースフェイス：特注品	5
手袋4（インナー）	ノースフェイス：APEX GLOVE	1
手袋5（インナー）	ノースフェイス：POWER STRECH GLOVE	1
靴下1（厚手）	スマートウール：マウンテニアリング	3
靴下2（中厚手）	スマートウール：トレッキングヘビークルー	3
防寒靴	バフィン：IMPACT	1
登山靴	スポルティバ：スパンティーク / ボリエール：G1	1
サングラス1	ルディープロジェクト：PERSEPTION	1
サングラス2	ルディープロジェクト：ZYON	1
ゴーグル	スワンズ：GUEST-DH	1
日焼止めクリーム		1
リップクリーム		1
ナイフ	折りたたみ式	1
マグカップ	スノーピーク：チタンマグカップ	1

全ベルト）、グリグリ（確保兼下降器）、カラビナ（ザイルやハーネスを接続させる金属の輪）などのクライミング用具も身につける。なお、衣服を含むおもな装備を表3にまとめた。

アウターウェアにおいては、耐久性とともに操作性も大切だ。意外なことかもしれないが、南極調査において防水性はそれほど重要ではない。それは気温が常に氷点下であり、そして湿度が著しく低いためである。一方、アウターウェアの生地自体は、調査活動が激しいことに加えて、前述の強烈な紫外線のために、あっという間に激しく痛む。われわれの調査では、ノースフェイス、パタゴニア、ホグロフスなどのメーカーのクライミング用アウターウェアを採用し、一部については補強材を入れることで耐久性を上げたが、３カ月間の調査後にはすべてボロボロになっていた。

表３　セルロン隊の装備表（その **2**）

装備名	品名・規格	数量
ザック	ホグロフス：LAND48	1
ダッフルバッグ 1	パタゴニア：Black Hole (120 L)	1
ダッフルバッグ 2	ホグロフス：Duffle Bag (120 L)	1
ダッフルバッグ 3	ノースフェイス：BC Duffle XL (140 L)	1
ショルダーバッグ	ノースフェイス：Messenger Bag (S)	1
ヘッドランプ	PETZL：LED 型	1
乾電池	充電式（エネループ）	1 式
個人用非常装備	固形燃料，コッヘル，ミラー，レスキューシート，ライター	1 式
ツエルト		1
コンパス	スント	1
ホイッスル		1
アイゼン	ブラックダイヤモンド：セラッククリップ	1
ピッケル	グリベル：エアーテック	1
ヘルメット	グリベル：サラマンダーほか	1
ハーネス	DMM：スーパークーロアール	1
安全環付きカラビナ	HSM 型	4
ノーマルカラビナ	変形 D 型	3
スリング 1	ソウンスリング：（120 cm）3，（60 cm）1	4
スリング 2	プルージックコード	1
下降器	エイト環	1
確保器（兼下降器）	PETZL：グリグリ	1
登高器	PETZL：アッセンション	1
ブレーキ付きプーリー	PETZL：プロトラクション	1
寝袋 1	ノースフェイス：SOLAR FLARE -29℃	1
寝袋 2	ノースフェイス：BLUE KAZOO -10℃	1
テントマット 1	サーマレスト：PROLITE PLUS（エアー式）	1
テントマット 2	サーマレスト：RIDGE TEST（ウレタン）	1
テントシューズ	ノースフェイス：Nuptse Bootie WP	1

アウターウェアと同様に、手袋についても防水性はそれほど必要がない。しかし、南極でのフィールドワークにはさまざまな活動場面があり、一つの手袋で対応することは難しい。たとえば、フィールドワーク中は砂れきに触ることが多いため、スキー手袋のような通常の防寒素材ではあっという間に破けてしまう。そのため、クライミング用の革手袋を特注で改造してもらったものを使用したが、こういった手袋は防寒性が劣るためにスノーモービルの運転に適さない。したがって、われわれのフィールドワークでは常に複数の手袋を携帯し、場面ごとに使い分けた。

インナーウェアについては、通常の登山と同様に発汗時に体を冷やす綿などの素材は避けたほうがよいだけで、とくに特別な配慮は必要ないだろう。むしろ、約3カ月間も風呂に入れない環境下なので、とくに下着はある程度（1週間〜10日）のインターバルで着替えられる数を用意したほうがよいと思う。ただ、セール・ロ

写真7　隊員たちの服装

ンダーネ山地での調査では、基本的にずっと低温なため、南極沿岸調査や雪上車での長距離移動を行うドームふじ隊に比べて、意外に体臭はそれほどひどくならない。以前ドームふじ基地から3カ月ぶりに戻った隊員たちを出迎えたことがあるが、その時は握手するのもはばかられるほどの臭いだった。

このように、これまで先人たちが築き上げた衣食住のノウハウに、われわれが新たな創意工夫を加えることで、過酷かつ危険な環境での調査が可能となっている。このようなスタイルは自然科学本来の探検的要素を色濃く残すものであり、南極でのフィールドワークの魅力の一つだ。

さいごに

研究者には、「科学は身分の上下関係に影響を受けるべきでない」という信念が身についているため、フィールドワーク中であってもつい一匹オオカミ的な行動をしがちである。しかし、南極でのフィールドワークでは、このようなスタイルは制限されざるを得ないと思う。村上市消防本部での訓練の際にいわれたことであるが、南極を含む厳しい現場で活動する少人数の部隊においては、指示系統を確立し、上意下達に近い関係を築く必要があるそうだ。これはわれわれの普段の生活や生き方とはまったく異なり、一般的なリーダー論の本に書いてあることともまったく違うために、違和感をもつ人も多いだろう。しかし、2回の南極でのフィールドワークを終えた今ではかなり納得がいっている。少人数での極限フィールドにおいては、常にある種の緊急対応体制を敷いておく必要があり、自由に行動していては危険性も増すし、有事の際の対応に違いが出てくるからだ。もちろん、これは長期間の安定した「生活」を基盤とする基地での越冬体制とは異なる考え方だと思う。

また、これまで書いてきたように、南極でのフィールドワークでは、調査を始める前にやらなければならないことが非常に多い。厳しい業績主義の現在の科学界においては、フィールドワーク準備にこれだけの労力が必要な研究を、とくに若手研究者が進めていくことは難しい。しかし、南極調査のデータをもちいた地球環境変動研究は、精度よい未来予測に不可欠であり、社会的にも重要な研究である。そのため、国民の税金から少なくない予算が支出されている。したがって、たしかに短期的には効率よく業績を上げにくい南極でのフィールド研究だが、今後も推し進めていく必要があるのは間違いない。そして、これまでほとんど人が踏み入れていない大地で、まずは生き抜くことが大前提となるフィールドワークを実践するという研究スタイルは、自然科学が誕生した頃の本来のスタイルに近く、私は正直にいってとても面白いと感じている。そしてもちろん、過去を解き明かす手がかりを探すにはきわめて過酷な環境である一方で、見渡す限り広がるその自然の雄大さは、私たちを南極へフィールドワークに向かわせる原動力となっている。今後、多くの若手研究者が南極でのフィールドワーク研究に参入し、この本にまとめたような技術をさらに発展させて、研究成果をあげていくことを期待する。

注：南極でフィールドワークを行うためには、南極条約締約国が採択している「環境保護に関する南極条約議定書」の規定に従い、南極観測隊もしくは外国の観測隊に参加することが必要とされている。個人が何らかの手段で南極に入り、自由に科学調査を行うことは許されていない。

6 半乾燥地サヘルでの食事調査

石本雄大
ISHIMOTO Yudai

村長夫人、怒る

「イシモト、タガラッサン（何でなの）？ あんたは何で邪魔ばかりするんだ！」

配膳を終えた食器に手を伸ばす私を、村長夫人が大声で叱責した。視線は厳しく、彼女の怒りが伝わってくる。そのとき私は食事調査をするため、調理工程ごとに食材の重さを計量していた。脱穀前に主食穀物トウジンビエの穂（1）を、脱穀後に穀粒（2）を、糠（ぬか）の除去後に精粒（3）を、製粉後には粉（4）を量り、そして調理された後に器へ盛られたイシンク（ソバがき状の料理：後述）（5）をと、5度目の計量をしようとした私に対して、ついに彼女の堪忍袋の緒が切れたようだった。

図1　筆者による食材の計測

サヘルで行う生存戦略の調査

そのとき私は大学院生で、サハラ砂漠の南縁に接すサヘル地域に位置するブルキナファソの農牧民タマシェクの村において、食事に織り込まれた生存戦略を理解するため、住み込みでフィールドワークをしていた。それまでの調査を通し、降水量がもともと少ないうえに、ある年は干ばつで１５０㎜のみ、またある年は５００㎜と劇的に変化する降雨条件の厳しいサヘル地域で、少しでも安定的な食料生産を営むための戦略はみえつつあったが、食料消費の側からの理解は不充分であった。そのため食材および食事の重量を、１カ月ごとに1週間から10日間、毎食計測することで（図1）、そこに暮らす人びとが「どういった食料を」「いつ」「どれだけ」消費するかの把握を試みていた。

この調査村の立地する地域は、自然環境だけでなく、社会環境の面でも困難な状況下にあった。調査村の属するマルコイ郡は、ブルキナファソの北東端に位置し、マリ、ニジェールとの国境近くに位置する（図2）。国の中央に位置する首都ワガドゥグから約

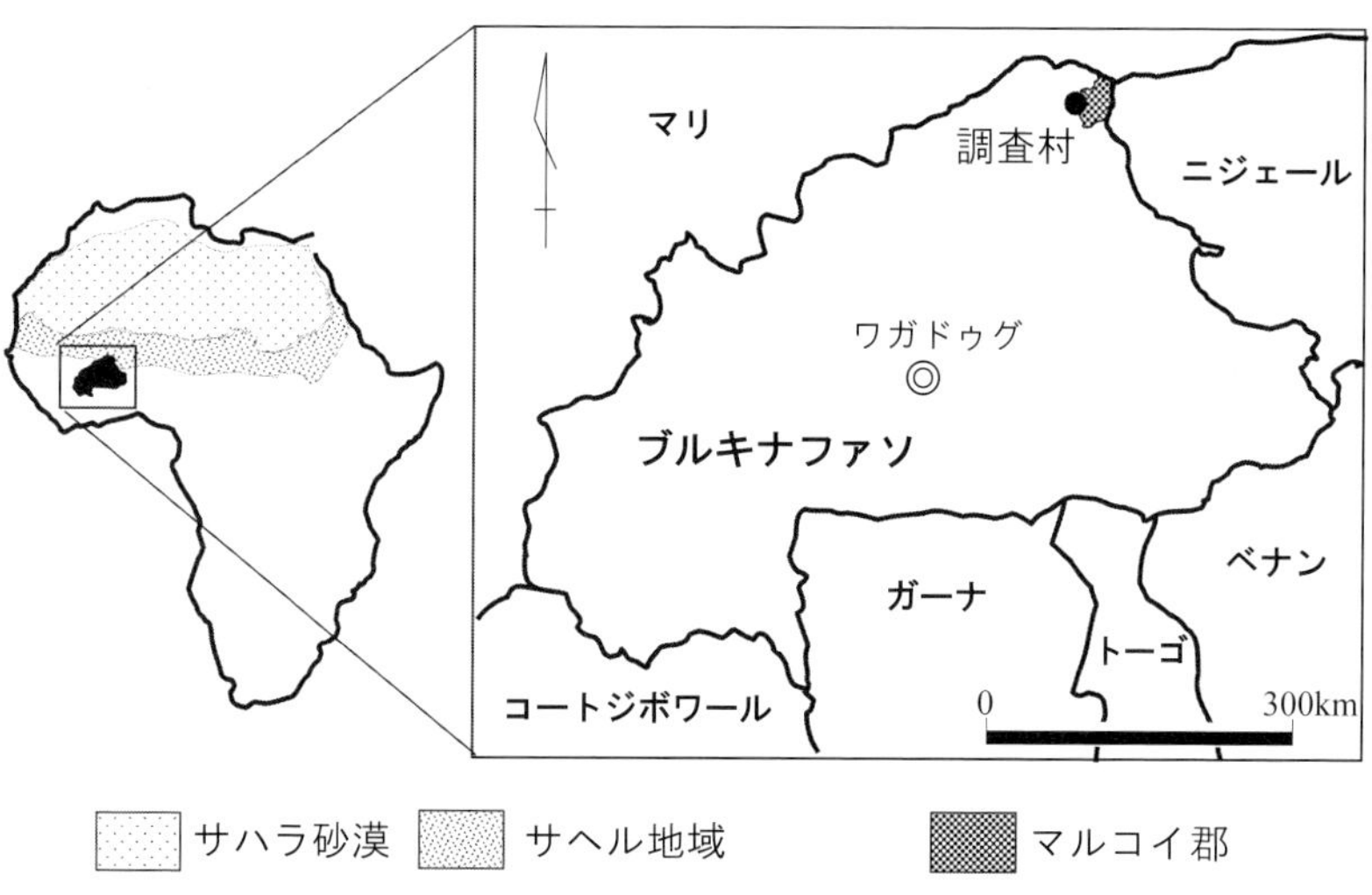

図 **2**　ブルキナファソ北東端の調査村
White（1983）および Yahmed（2005）を元に筆者作成.

300km離れ、幹線道路は未舗装路が大部分で、ブルキナファソで最もアクセスの悪い地域の一つであった。また、この地域に居住する人びとは国の主要民族ではないため、行政サービスは充分に受けられない。調査村には小学校や診療所もなく、隣村に1990年代に建てられた施設に通わねばならない。同様に、この地域には国際援助団体の支援もそれほど届かない。サヘル地域全体で大規模な干ばつが発生し、農作物に深刻な被害があった場合には食料援助が行われるが、その時期や量は不定期であり、あてにすることはできない。

ここで私は2002年にフィールドワークを開始し、本稿の調査期間である2005年8月から翌年6月にかけて滞在した当時は3度目の長期調査であった。それまでの調査のなかでは、人口が160名ほどの小さな村の家族構成や人間関係を把握し、農耕や牧畜のみならず野生植物の採集など多角的な方法によって食料を調達していることを理解した。農耕活動だけで食料を自給することは困難で、不足分の食料はさまざまな活動により補填されていた。ところが、労働力の不足などにより充分な食料補填ができない世帯もあり、こういった世帯は食料が尽きると、食料が豊富な世帯に合流し、一緒に食事をとる共食（きょうしょく）を行い、食事にありつくことが明らかとなっていた。

生存戦略を理解するための食事調査

そこでこの長期滞在では、期間を通して食事調査を行うことによって食材や料理の流れを理解し、人びとが食料の豊富な時期から乏しい時期までを通して各期間にどれだけの食料をとることができ、とくに食料の乏しい時期に貧しい世帯はどれだけの食事にありつくことができるのかを把握しようと試みた。食事調査は、住み込んだ村長の世帯と、中庭を囲むように住居を構える彼の兄弟・いとこの世帯の計6世帯を中心に行った。

滞在中の生活は、1日3回調理前の計量をすることを中心に進んで行った（表1）。朝は腕時計のアラームで日の出直前に起床し、寝ぼけた頭に喝を入れながら、家畜囲いに秤をもって走る。どの世帯の男性が何頭のヤギの乳を搾ったか数え、どれだけのミルクを得ているか計量するためである。しだいに明るくなり日が昇ると、女性、老人、子どもも起き始めるので私は年長者のいる世帯から、「おはよう」と挨拶をしてまわる。寝坊し、男性の搾乳が終わってしまっていた場合、このときに奥さんに頼みミルクを量らせてもらう。その後女性が、朝食として前日の残りを温める。私は、村長宅でご相伴にあずかる。

朝食の片づけが終わると、女性たちは昼食の準備を開始する。まず畑の倉へ行き、1日分の穀物の穂を取出し、ゴザにくるみ、家屋付近へ運ぶ。私はその束を量らせてもらう。

運搬した穂を脱穀するため、女性は穂を臼に入れ、杵でつく（図1、中央の2人の女性）。そして、穀粒と穂くずを分離するため、風選する（図1、右奥の女性）。風が吹く場所で、粒とくずを落下させると、重い粒はほぼ真下に、軽いくずは風に乗り離れた場所に落下する。こうして選り分けられた粒を、「手早く終わらせるからね」と量る。

表1　乾季における一日のタイムテーブル

5:30	日の出の直前に起床 男性が搾乳したミルクを計量 ※とくに暑い3月，4月は日の出前から調理作業が開始 村長世帯，近隣世帯（計6世帯）に朝の挨拶
7:00	朝食（前日夕食残りを温めたもの）
8:00	女性が昼食の調理を開始 筆者も秤を片手に，観察 各調理工程（脱穀，糠取り，製粉，加熱調理）の前後に計量
11:00	昼食
12:00	昼寝
15:00	女性が夕食調理を開始 穀物をつく音で飛び起き，調査再開 各調理工程（糠取り，製粉，加熱調理）の前後に計量
18:00	夕食
19:00	コザに寝転がりながら，世間話
21:00	就寝

次に女性は、穀粒の一部に少量の水を加えて湿らせ、糠（ぬか）をとるために再び杵でつく。粒の残りは別の食事用とされる。いずれかの重さを計量し、使用量と残量を把握する。その後、糠と精粒が分けられた際には、双方を量る。この糠は、平常時には家畜のエサや販売用とされるが、食料不足時には重湯として調理される。この精粒は、さらに杵でつかれ、粉にされる。「今度もさっと済ませるよ」と量る。この粉は、煮立たせた湯で加熱調理される。調理が終わると、料理が皿に盛りつけられるが、それも配膳される前に重さを量る。これらの一連の昼食の調理には3～4時間が費やされる。

昼食後には気温が上がっているため、皆、片づけもそこそこに昼寝のため横になる。私も、男性たちが寝る小屋で、雑魚寝に混じる。

ドン、ドン、ドン、ドンとリズミカルな地響きがして、夕食の準備が始まったと飛び起きる。寝過すと材料の重さがわからないが、途中工程の重量から、他の日や朝の値を用いておおよその重量を算出する。夕食の調理は、日の入り後に終わることも多い。その場合、夕食は月明かりのもとで食べる。

以上の計量は素早く行うため、器ごと秤に乗せる。ただ器は種類も多く、ヒョウタン、ホウロウ、ステンレス、プラスチック、ヤシの葉などさまざまな材質の器が1世帯で10から20は使用されていた。そこで、できる限り器自体をあらかじめ量り、重量を把握し、その重さを減じれば、調理した食材の重量が計算でき、摂取カロリーが算出できるようにした。

また、これらの計量は、各世帯が作業を終えるたびに行った。収穫直後には多くの世帯が同時進行で作業し、あっちへ行き、こっちへ戻りと慌ただしかったが、時間の経過とともに食料不足に陥る世帯が出て、作業をする世帯は減っていった。

10カ月にわたる食事調査を通して明らかになったことは、食料不足を克服するうえでの三つの工夫、食料消費削減、代替的食品利用、共食（きょうしょく）がいかに実践されるかである。

第一の工夫、食料消費削減は、品目数および食事量を減らすことにより行われる。図3に、ある世帯で1日あたりに食事に用いられた主食食材の品目数および獲得方法を月ごとに示した。9月に収穫が行われ収穫後を1年の始まりと考えるために、この図では便宜的に、10月を左端に、8月を右端に位置づけた。農作物の収穫から時間の経過とともに、品目数が減少していた。

第二の工夫である代替的食品利用とは、野生植物の利用と、前述した糠の利用である。利用される野生植物としては、イネ科草本の種子が中心であり、食料不足の深刻な場合にはスイレン科植物の塊茎も利用される。農作物の収穫直前8月には前年の自給作物は消費し尽くされているが、この時期にはイネ科野草種子が実り始めるために主食の食材として利用されることが多い。糠の利用は、穀物およびイネ科野草種子のいずれの食材でも行われるため、図3の凡例では作物自給、作物購入、野生植物利用に含まれる。

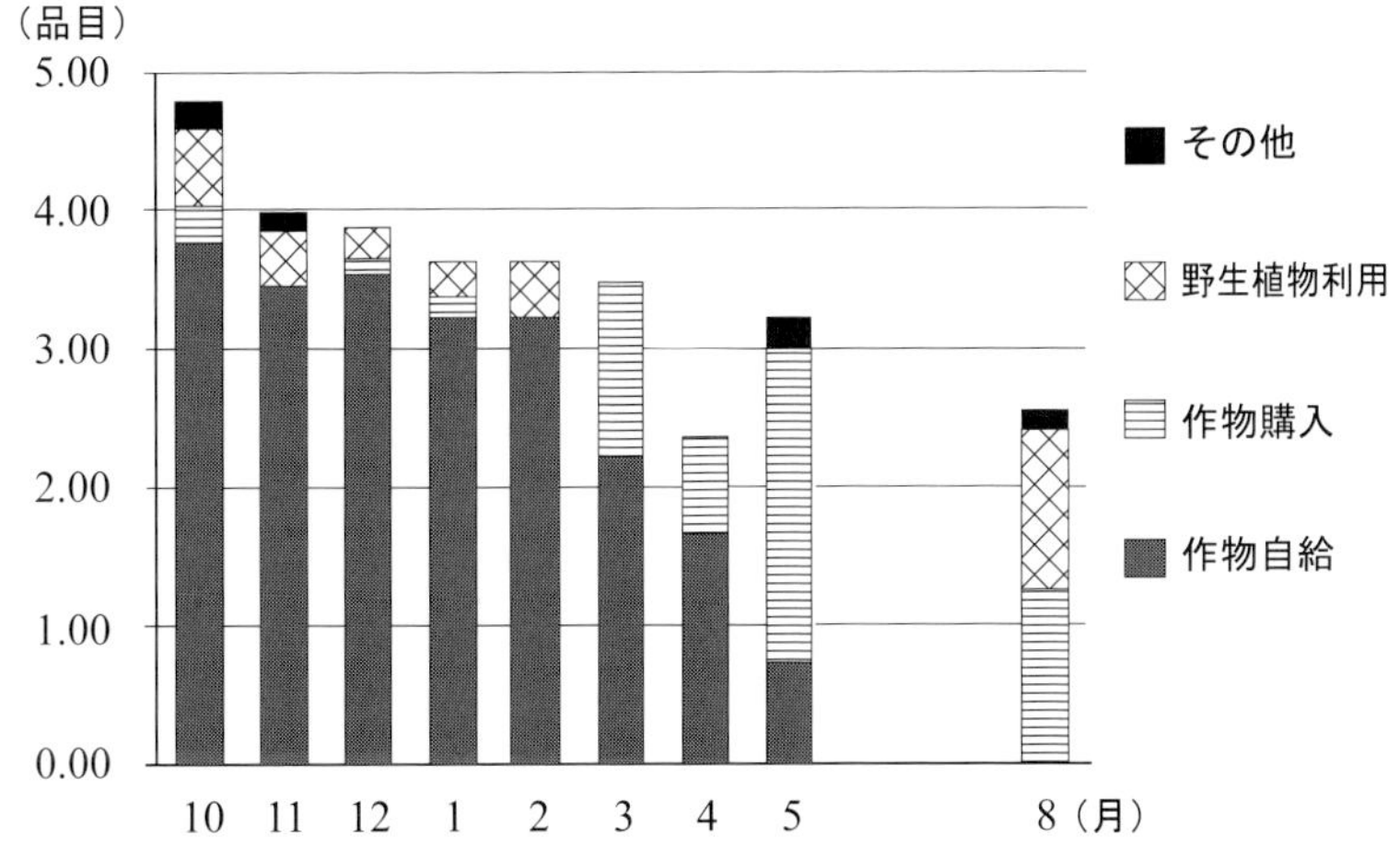

図3　主食食材の品目数および獲得方法

第三の工夫である共食とは、他世帯員と同席して同じ釜の料理を食べる消費行動であり（図4）、食料が尽きた世帯のメンバーも食料を供与され食事にありつくことが可能となる。しかし、食料を提供した世帯と、された世帯の間に、摂取カロリーにおける格差があることも確認された。

体力維持の困難さ

こうしてサヘル地域の食料不足を克服する工夫についてて書くと、これらの結果はすんなり明らかになったと思えるかもしれない。しかし、結果を導き出すまでには、いくつもの困難があった。

サヘル地域でのフィールドワークには体力勝負の要素が多分に含まれる。40度を超す猛暑のなか、動きまわるには身体的に負担がかかるし、根気よく観察し、聞き取りするには心身ともに余裕が必要である。ところが今になって思えば、3回目の長期滞在の際には、体力的にギリギリのところで食事調査を乗り切った。それは、体力を維持するうえで三つの障壁があったからだ。

図4　男性の共食風景

（1）私の食事

食事調査を実施し、継続するうえでの体力維持の障壁三つのうち、一つめは、皮肉にも食事にまつわる事柄であった。

食事調査をするからにはと、3度目の長期調査を前に自分に課したルールがあった。それは、彼らとともに食事し、同じものを食べる、ということである。彼らがご馳走を食べるときには一緒に喜び、食材が乏しいときにも困難な状況を共有したかったのだ。

しかし、頭で考える建前を実践することは容易ではない。おもな食事は、イシンクとティッダのたった2種類だった。イシンクは主食作物のトウジンビエやモロコシといった穀物をソバがき状に調理して野草のソースを付け合せた食事（口絵参照）で朝晩に食べられ、ティッダは発酵乳にトウジンビエ粉を混ぜた食事（図5）で昼に食べられる。トウジンビエとモロコシはとくに乾燥に強い穀物であるため、サヘル地域でも栽培することができる。その味にすぐに慣れ、いずれの料理もおいしく食べられるようになったが、種類の少ない単調な彼らの食事は、日替わりでさまざまな料理を食べる日本の食事と大きく異なるため、私はすぐに飽きてしまった。たとえば肉が食されるのは冠婚葬祭のときだけである。日々の食事には一切れの肉も魚も入っ

図5　ティッダ用トウジンビエの調理風景

ておらず、穀物と野草ばかりで精進料理のようであり、私は修行僧のような生活を送っているといえなくもなかった。しかし、煩悩を振り切れるわけでなく、私は頭のなかで肉を食べるという夢想を毎日繰り返した。

しばらくすると、イシンクやティッダが嫌いというわけでないにもかかわらず、食が細くなっていった。そしていつのまにか、食事を開始するとすぐに、喉を通らなくなってしまった。そのため、どの奥さんからも、食事のたびに「もう少し食べなさい」とお小言を頂戴した。ある日、いつものように溜息をつき、匙(さじ)を置くと、その家の5歳児アッサレールに「もう満腹なの?」と尋ねられ、「もっと食べろイシモト!」と励まされた。うるさい、小僧には言われたくない!と頭にきて、ふとアッサレールの器を眺めると、彼は私の1・5倍ほどのイシンクをすでに平らげていた。

食事を多く摂れないため、毎食後1時間もたつと空腹が私を襲った。すると体に力が入らなくなり、調査にはまったく取り組めない。そこで私は一つの対策をとった。その対策とは、ビスケットを隠れて食べることである。そんな単純な、と呆れられるかもしれないが、彼らと同じ食事を摂るという当初のルールを撤回しないといけないため、私にとっては一大決心であった。

首都に上がるたびに、リュックサック一杯ビスケットを買い

図6　木の実をとる少年

込み、村へ戻るようになった。私は空腹を感じると、「調査道具をとってくる」と説明し、自分の荷物がある小屋に戻り、ビスケットを食べた。しかしそこは、調査を行っている敷地内であり、バリバリ音を立てて食べるわけにはいかない。口に水を含み、ビスケットを湿らせ、少しずつ食べた。

一方、5歳の男の子アッサレールも、私の1・5倍の量を食べるとはいえ、元気一杯に遊びまわるため、食事の前に空腹になるらしかった。そこで彼は、遊びの最中に木の実、魚など、おやつを入手し、空腹を満していた（図6）。

（2）サヘルでの飲料水の問題

食が細くなった原因は、料理に変化が乏しいこと以外にもあった。たびたび体調を崩したためだ。その原因として、まず飲み水が挙げられる。そう、これが体力維持の二つめの障害だった。

サヘル地域で過ごしていると、雨の降らない10月から5月の乾季には湿度が低く、汗は出るとともに蒸発するため、まったく流れない。そこで、汗をかいていることを意識せずに水分補給を怠ると、気づいたときには喉がカラカラで、全身に力が入らなくなり、動けなくなる。何度もそういった状況に陥った後、頻繁に多量の水を飲むことを心がけるようになった。

しかし、調査地域には水道が通っておらず、消毒された水は容易に入手できない。調査村に暮らす人びとは飲料水として、雨の降る6月から9月の雨季には窪地にたまった雨水を、乾季には2種類の井戸の水を利用する。一つは地下30～40ｍから水をくみ上げるポンプ式の深井戸で、地表面はコンクリートで閉じられている。もう一つは、乾季に入り川が枯れた後に川床を2～3ｍ掘り、染み出る水を利用する掘り抜き井戸である。井戸が浅く、雨季に降った雨を利用することになり、また地表が閉じられない状態で井戸水を用いて井戸の脇で家畜への水遣りをするため、家畜の飲みこぼしや糞尿が井戸に流れ込むかもしれず、水は衛生的でない。

私は、雨水と掘り抜き井戸の水で腹が下るため、1回目の長期調査の際に彼らと同じ水を飲むことは断念し、煮沸することにしていた。しかし彼らは、掘り抜き井戸の水はおいしく、ポンプ井戸の水は金属の味がしてまずいという。そのため、ティッダに入れる発酵乳が少ない場合、それに掘り抜き井戸の水を混ぜることがある。私は外見で見分けられず、口に入れてから、混ざっていると気づく。すると数時間後に、私の腹はものすごい勢いで下るのだった。

（3）長期滞在中のマラリア

体調を崩す原因は飲料水だけではない。蚊が媒介する熱帯病のマラリアも原因の一つであり、これが体力維持の三つめの障壁であった。

私は、この長期調査で、滞在開始1カ月後にマラリアを発症した。マラリアには、それまでの長期滞在でも1回ずつかかっており、40度以上の高熱、嘔吐など、その苦しさは骨身にしみていた。そこでマラリアを防ぐため、予防薬を飲む、蚊帳を吊る、虫除けスプレーを使うなど対策を充分にとったつもりであった。しかし、10日間から2週間という潜伏期間から計算すると、調査を開始してすぐにマラリアに罹患したようである。滞在を始めた8月は雨季後半で、蚊がとくに多く発生する時期であった。

食事調査を行ううえで、マラリア発症が及ぼした影響は二つあった。一つは、継続して調査し、変化する様子をとらえることが肝要であるにもかかわらず、２００５年9月は、まるまる調査を行うことができなくなった点である。そしてもう一つは、調査期間がまだまだ残る時期に体力を奪われてしまった点である。

病気になった私はそのまま首都ワガドゥグへ移動し、治療・静養した。完治したつもりで村に戻ると、「顔色が悪いけれど、もう大丈夫なのか」と、老若男女、とくに奥様方に心配される。「問題ない！」と見栄を切ったが、その後は調査にのめり込むと、たびたび発熱して寝込んだ。

寝込んでいるある日、村長夫人が「イシモト、これを食べな」と深皿を持ってきた。「食欲がないんだよね」と言いながら起き上ると、いい匂いがする。皿のなかには、鶏肉の水炊きがみえる。夢にまでみた肉なので、うれしい。けれど、鶏をすごく大事にしていることを知っているので、私なぞのためにつぶしてくれてと心配にもなる。そんなこんなで、体調がなかなか本調子にならない状況が2、3カ月続いた。

食事調査をされる側の負担

人を対象にした調査は、相手にも何らかの負担をかける。ましてや私の場合は、住み込み、四六時中時間を共有するなかで行ったフィールドワークである。

私が興味をもって行ってきた調査は端的にいえば、人びとの暮らしを理解することであり、フィールドワークに取り組み始めた当初は、たとえば農耕での雑草の取り方、牧畜での家畜へ水をやる方法など、彼らにとっては常識であることを調査した。そのため、「イシモトは、なぜそんなあたりまえのことを知りたいの？」と不思議がられたが、彼らは丁寧に私の質問に答えてくれた。しかし、食事調査での彼らの態度は異なっていた。計量中は冒頭のやりとりのような非難を受けることすらあった。

食事調査には、いくつもの困難がともなう。連日安い食材ばかり食べることは体裁が悪い、反対に豪勢な食事を隠したいなど、食事内容という私的な情報が他人、とくに隣人に知られることは望まれない。また、材料の計量をする場合、片時も離れず調査することになり、調査者・被調査者の両者にとって精神的に負担となる。さらに、調査者が男性で、調理者が女性の場合には、調理者の夫や父は世間の目を気にし、調査を望まないことが多い。本調査の場合、私はこれまで繰り返し長期滞在しており世帯のメンバーのように近隣住民に扱われていたこと、調査村は散居村であり調査光景があまり人目にさらされないこともあり、世帯員の承諾を得ることができた。加えてイスラム教が信仰されている場合、戒律が厳しければ、女性は家族以外の異性と同席することが許されない。調査地でもイスラム教が信仰されているが、比較的戒律が厳しくないため、私の調査は許容された。

ただ、逆の立場を想定し、私が他人に食材・料理を逐一量られたとすると、私も不快になるかもしれない。そういう思いがいつも頭の片隅にあったため、計量中は「すぐに終わるから量らせて」とお願いしつつも、何だか申し訳ない気持ちを常に抱えていた。

人びととの距離感の変化

冒頭のエピソードを読んで、食事調査を行うことは容易でないと感じたかもしれない。しかしそれでも、ずいぶん改善された状況だった。初年度はとてもこういった食事調査はできなかった。常に調査の中心となっていた村長宅で1回目の長期調査の際に、こういった調査をしたいとの希望を伝えた際にはきっぱりと断られ、とくに年配者を中心にひどく拒否された。それは、食事調査には前述したさまざまな困難がともなうためだと現在では理解できる。しかたなく、村で例外的に何事にも鷹揚な村長の親戚の世帯で1週間、試験的に食材のみを計量する調査を行った。

2回目は、前例があったためか、渋々という感じであったが、何とか村長宅でも材料の計量を始めることができた。ただ、女性は私から隠れるように作業を行うなど不満をもつことがひしひしと伝わったため、8カ月の調査期間中を通して計量を続ける予定を、最初と最後に1週間ずつ行っただけで終えた。しかし、ひどく拒絶された1年目と異なり、この年には渋々認められた散発的な調査とはいえ、材料の計量を行うことができた。それは、彼らのなかでの私の立場が変化したことで可能となったのかもしれない。1年目の私は、突然やってきた、まったく親近感の湧かない他人であっただろう。なにしろ私は、挨拶を現地語でして、質問も同様に現地語でするが、そこからの会話がまったく続かない外国人であった。2年目の食事調査を行うまでに、私は彼らの言葉を徐々に覚えていった。単語をつなぐだけの拙い会話だが、話す内容の範囲が格段に広がった。また、多くの時間を共有したことで私の人となりが理解され、また約1年間の月日をおいて、約束した通り2回目の調査に戻ってきたこともあり、信頼が生まれ、住み込んでいた村長の家族からは身内の者として扱われるようになった。

そして3回目は、さらに親近感が増し、材料計測にもそれほどの抵抗感がなくなったようであったため、調査期間10カ月継続して行うことができた。作業場を離れている私に、作業の開始や工程の終わりを調理している女性本人が知らせることはなかったが、そばにいれば「ほら、量るんでしょ」と食材の入った器を手渡し、「あっちでも作業が始まったよ」と別の世帯について教えてくれるようにもなった。また、1人の食事量を知るため、可能な限り、盛り付け後の料理も計量し始めたのが、この滞在だった。冒頭の言葉は、器に盛られた料理の計量を開始して3日目のことであった。

3度目の長期調査を振り返ると、フィールドワークを開始した頃では考えられないくらい、さまざまな調査をさせてもらえるようになった。言葉の習得が進み、限定的だが動詞の活用をしつつ短い文を話し、冗談もいくらかはいえるようになったからだろうか。日本や町から繰り返し通い、同じ屋根の下で寝泊まりし、共に食べ、夜遅くまで語らうことで、私が彼らにとって身近な存在となったからであろうか。

初めての滞在の頃は、村長夫人を含め女性は誰しも、私と同じ空間を共有しなかった。たとえば、男女が涼む大きな木陰に私が入ると、気づいたときには男性ばかりということが頻繁にあった。また、彼らの言語もよくわからなかったため、女性と交わす言葉といえば、朝の挨拶と、食事を渡された際のお礼程度の会話で、大きな距離を感じていた。

それが、本気のコミュニケーションを交わすようになったのだ。冒頭の叱責も、心の底から腹が立つという気持ちから発した言葉には違いないが、信頼があるからこそ発せられたのだと考えることもできる。そう思うと、怒られた直後には気まずくなり極めて落ち込んだが、今ではとてもうれしい言葉のように思える。

最後の食事

長期滞在の最後の日、荷造りを終え、忘れ物がないか隅々まで確認し、小屋の外へ出ると、村長夫人が戸口に立っていた。

「はい、昼ごはんだよ」

「ありがとう、これを食べたら、もう出発するよ」

「全部食べるんだよ」「イシモト、次はいつ来るんだい？」

「うーん、まだわからないな。2年後かな？ 3年後かな？」

「あはは、どうせ1年もしないうちに来るんだろ」

結局、最後の食事も大半を食べられぬまま、皿を返した。彼女は、相変わらずたくさん残ったイシンクを可笑しそうにみつめ、踵を返した。

本章イラスト作成：石本和代

参考文献

石本雄大（２００６）サヘル地域の旱害・虫害下における農牧民の対処――ブルキナファソ北東部Ｉ村における食料獲得活動――、「日本砂丘学会誌」53-2, pp.55~68.

石本雄大（２０１０）半乾燥地域における生存戦略としての食料消費システム――サヘル地域における農牧民の実態調査分析をもとに――、「沙漠研究」pp.20-2, pp.85~95.

石本雄大（２０１２）『サヘルにおける食料確保――旱魃や虫害への適応および対処行動――』松香堂書店.

石本雄大（２０１３）サヘル地域における農民のフードセキュリティ――食事活動に織り込まれたレジリアンス――、「SEEDer：地球環境情報から考える地球の未来」8, pp.8~15.

White, F., (1983) *The Vegetation of Africa*, Switzerland, UNESCO.

Yahmed, D. B., (2005) *Atlas du l'Afrique, Burkina Faso*, Paris, Editions Jeune Afrique.

7 神出鬼没のチンパンジーを追って

予定の立たない森での生活

藤本 麻里子
FUJIMOTO Mariko

フォー　フォー　フォー　フォァーーー

ドン　ドン　ドン　ドン

あ、また来たのか…。今日こそゆっくり朝寝坊しようと思っていたのに…。研究キャンプのベッドのなかで、私はつい一人ごちた。連日の森歩きで疲れた身体を、やっとのことでベッドから引きずり出す。部屋を出ると、研究キャンプのすぐ目の前でチンパンジーたちがゆったりと寛いでいる（写真1）。パントフートとよばれる遠くの仲間とコミュニケーションするための鳴き声を大音量で発しながら、さらに地面を足でどんどん蹴って音を出す。研究者が寝泊まりするキャンプに、観察対象であるMグループのチンパンジーが訪問してきたのだ。冒頭はその訪問者の鳴き声と足踏みの音である。チンパンジーのほうから研究キャンプに来てくれる。これは一見とてもラッキーで嬉しい出来事のように

写真1　キャンプの敷地を訪れて寛ぐチンパンジー

みえるだろう。しかし、そうとばかりもいえないのだ。

野生チンパンジーの長期研究を続ける研究チーム

ここはタンザニア西部、タンガニイカ湖に面したマハレ山塊国立公園（図1、以下マハレ）のなかにある、カンシアナ・キャンプと名づけられた研究者のキャンプ。１９６１年に京都大学アフリカ類人猿学術調査隊（KUAPE: Kyoto University African Primatological Expedition）が組織され、アフリカ各地で野生の大型類人猿の調査が開始された。ここカンシアナ・キャンプは１９６５年に故 西田利貞京都大学名誉教授（当時は大学院生）によって野生チンパンジーの調査拠点として設置された（西田１９８１）。すでに半世紀近い歴史のある研究キャンプである。現在もMMCRP（Mahale Mountains Chimpanzee Research Project）として、京都大学の研究チームがキャンプの運営・管理を継続しながら研究活動を行っている。長期研究が継続されているチンパンジーの群れはMグループとよばれている。

キャンプは宿泊できる小屋2棟と倉庫、キッチンなどからなっており、マハレでチンパン

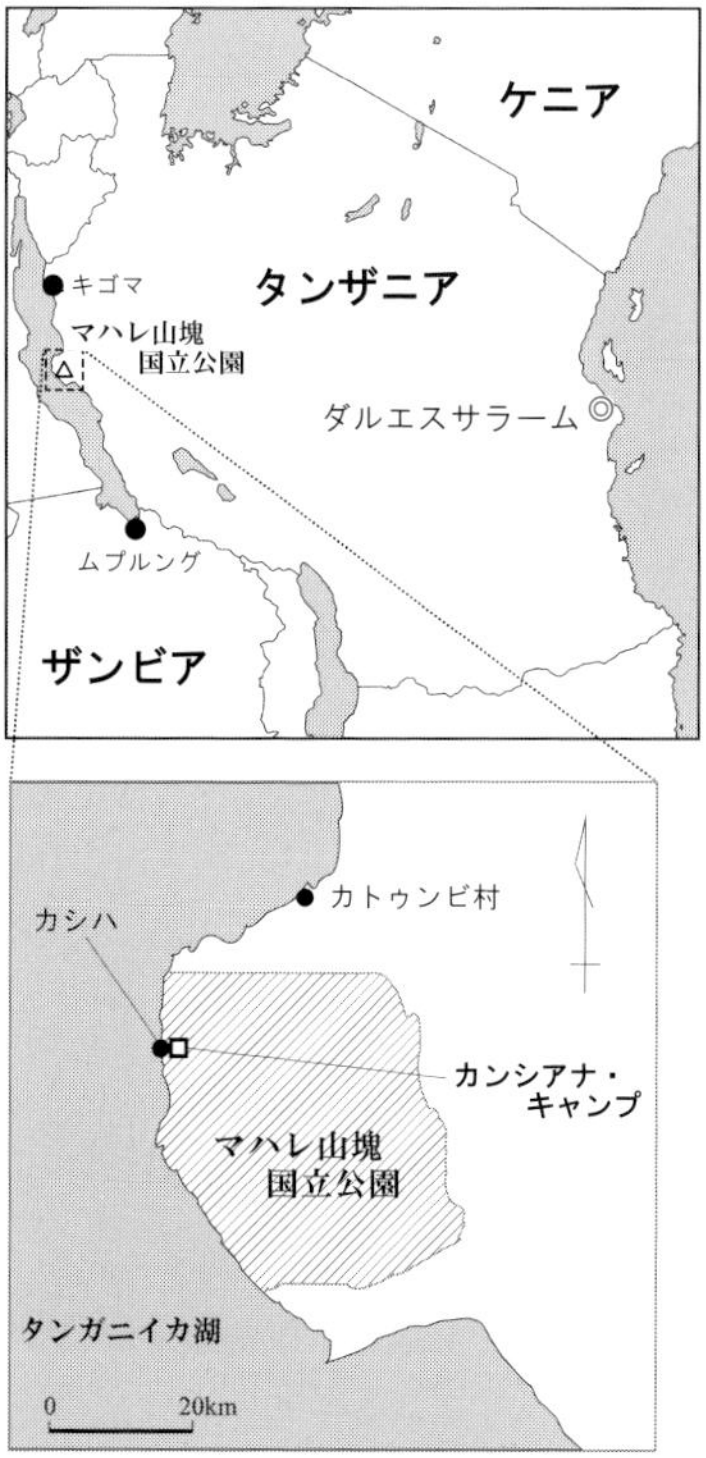

図1　タンザニアのマハレ山塊国立公園

ジーの研究に従事する者が日々生活する場所である（写真2、3）。電気はソーラーパネルとカーバッテリーが備えられ、ビデオカメラやデジカメなどの充電および夜の電灯など必要最低限の電気が確保されている。水道はなく、カンシアナ・キャンプのスタッフが、近くの谷川からおいしい水を汲んできてくれる。キッチンにもガスコンロがあるわけではなく、薪や灯油のストーブを用いた調理となる。日々の食事は料理専属のスタッフが朝晩に準備してくれる。私は２００５年から２００６年にかけて1年間このマハレ山塊国立公園のカンシアナ・キャンプに滞在しながらMグループのチンパンジー調査に従事した。

マハレに行くためには、まず調査許可と在留許可の取得のためにタンザニアの主要都市、ダルエスサラームに滞在する。研究チームの資金をタンザニア・シリングに両替するのもここ、ダルエスサラームだ。タンザニアでは地方都市での両替レートはよくないので、ここでの両替は重要だ。諸手続きが完了するとダルエスサラームからタンザニアの西の端、タンガニイカ湖に面する小さな町、キゴマへと約１０９０㎞の距離を国内線の飛行機で移動する。じつにタンザニアの端から端までの移動である。

キゴマの町はタンガニイカ湖で水揚げされる魚の売買が盛んに行われ、通りは人びとの活気があふれている。キゴマの町からマハレまでは約１３５㎞の距離だ。キゴマからタンガニイカ湖を縦断してザンビアのムプルングまで運航している世界最古の国際貨客船、リエンバ号が利用できればマハレのすぐ手前の村まで優雅な船旅を楽しむこともできる。しかし、リエンバ号は２０１４年3月現在、月に2度しか運航しておらず、スケジュールを合わせるのは困難だ。リエンバ号が利用できないときはどうするのか。私が初めてマハレ入りした２００５年は、リエンバ号以外の交通手段といえば、キゴマの町から研究チームが所有する船外機付きのボートでひたすら湖を南下するしかなかった。朝4時に出発し、トイレも座席もない船外機付きボートで荷物の隙間に座り込み、昼間は直射日光と暑さに、日が落ちると冷たい夜風と寒さに耐え、船酔いとも格闘の末、ようやく午後10時半にカシハとよばれる、研究チームのスタッフが住む浜辺に到着した。カンシアナ・キャンプはこのカシハから東の内陸に1・5㎞ほど歩いた場所にある。こうして約1年間のマハレ滞在とチンパンジーを追う生活がスタートした。

私はマハレでチンパンジーの社会行動の一つ、〝覗き込み行動〟（peering behavior）なる行動のデータを集めていた（Nishida et al.,1999、藤本２０１０）。これは食事の場面でよく見られる行動で、食べ物をもつ個体をもたない個体が至近距離からじっと凝視する行動だ（写真4）。見られた側はちょっと体の向きを変えたり、移動したり、見られることを避ける行動を示すこともあるが、ただただ見られながら平然と食べ続けることもある。じっと見つめてくる相手を追い払ったり、攻撃したりすることはない。覗き込んでいた個体が、ちょっと分けて欲しいなとばかりに、食べ物をもっている個体の

写真 2　カンシアナ・キャンプのメイン棟

写真 3　カンシアナ・キャンプの倉庫

写真 4　果実を食べるオトナメスの口元を若いメスがじっと覗き込む

手元や口元に手を伸ばしたとき、食べ物をもつ個体が一部を取るのを許容することがある。〝消極的な分配〟とよばれる行動だ。チンパンジーの日常生活で交わされる何気ないやり取りで、いったいいつ、どこで、その行動が観察できるのかは事前になかなか予測できない。もちろん、いつ、どこに行けばチンパンジーに会えるかすら。野生チンパンジーの観察は、日々この予測不可能な事態の連続だ。

森でチンパンジーを捜す、追う

ここ、カンシアナ・キャンプに滞在してチンパンジーの調査を行う研究者は、だいたい毎朝6時前後に起床し、スタッフが準備してくれた朝食をとり、森に出かける準備をする。マハレの森を歩くのに必要な装備は、日本の山歩きに必要な装備とさほど変わらない。速乾性のTシャツと、深いブッシュや鋭い棘のある植物から肌を守るための長袖・長ズボン。私はホームセンターの作業着の上下を利用していた。価格も安く、破れたり汚れたりするのを気にしなくていいし、何より丈夫だ。そして、山歩きといえば登山靴だ。私は足首までしっかり固定してくれるハイカットのゴアテックス製登山靴を2足もって行き、雨などで濡れたときの替えにしていた。ズボンの裾はしっかり靴下のなかに入れ、サファリアリの侵入を防止する。こうして森へ出かける準備をしながら、スタッフが出勤してくるのを待つ。森に行くスタッフには、森のなかに切り拓かれた観察路の整備をするスタッフと、研究者と一緒にチンパンジーを追跡するトラッカーとよばれるスタッフがいる。各研究者に一人、トラッカーが同行して森を一日歩くのだ（写真5）。

毎日7時半過ぎに、前日の夕方チンパンジーがいた場所に向かって出発する。そして小高い丘や尾根上など、遠くの声がよく聞こえる場所で待機して、チンパンジーが声を発するのを待つ。運がよければ30分もしないうちに声が聞こえたり、また声を待つまでもなく出会えたりすることもある。自分の観察対象の個体に出会えれば、夕方17時～18時まで何時間もその個体を追跡して行動を記録する。このような特定の個体を連続観察してデータを集める手法を個体追跡法という（Altmann 1974）。しかし、日によっては一日中声を待ち続け、チンパンジーの痕跡を探すだけで終わり、チンパンジーに会えないままキャンプに引き返すこともある。森に出かけたからといって必ずしもチンパンジーに会えるとは限らないのだ。運よくチンパンジーに会えて夕方まで観察できたら、17時半か18時頃に観察を終えてキャンプに帰る。

昼食は、マハレで調査する研究者の多くは朝食時に炊いてもらうご飯でおにぎりをつくってもっていく。私は学生時代の山歩きの習慣で、山を歩くときには朝食をしっかり食べ、昼間は軽い行動食しかとらないというスタイルに慣れている。そのため、1パック4枚ほどに包装されたビスケットを2パックほどもって行き、チンパンジーが樹上で採食しているときや、ゆったり休憩している時などにそれをかじって済ませていた。観察や記録に忙しく、なかなかビスケットをかじるタイミングさえ見つからない日もあるので、決まった時間に昼食をとったりはしない。朝、チンパンジーに出会える時間も、観察を開始できる時間も、そして何時まで観察が続けられるかも、日によってまちまちだが、チンパンジーの捜索と観察が比較的うまくいった一日のタイムテーブルはだいたい表1のようになる。

チンパンジーはニホンザルなどのように群れのメンバーがいつも一緒に遊動するのではなく、離合集散する。数個体の小さなパーティに分かれ、パーティ同士が出会ったり、メンバーを入れ替えてまた別れたりしながら遊動する。一般に食べ物が豊富な時期には比較的大きなまとまりになって遊動するが、食べ物の少ない時期になると小パーティに分散して各々食べ物を探す。この分散期になると、チンパンジーは互いに出会う必要があまりないので大音量の長距離音声も出さずにひっそりと、ときには母親と子どもだけで何日も過ごす。この時期、研究者はチンパンジーを見つけるのがとても困難になる。また、比較的集まっている時期でも、観察対象のお目当ての個体がいなくてデータが取れない、ということもある。

私の研究対象だった〝覗き込み行動〟は社会行動なので、チンパンジーたちが分散して単独でいる場合には当然起こり得ない。この行動は、大きな果実や狩猟後の肉を群れのメンバーと一緒に食べている場面で頻繁に観察される。しかし狩猟、肉食行動はそう毎日起こるわけでもない。そして観察中に運よく狩猟や肉食の場面に出会えたとしても、そういうときのチンパンジーたちはとても興奮していて、重要なやりとりは一瞬のうちに終わってしまうことも多い。獲物を抱えた高順位のオスが高い

表 1　一日のタイムテーブル

6:00	起床
6:30	料理係のスタッフが用意してくれた朝食を食べて調査に出かける準備
7:30	森で仕事をするスタッフがカシハからカンシアナ・キャンプに出勤してくるスタッフは森歩きに欠かせない山刀を研いで出発準備
7:50	森に向かって出発
9:00	前日の夕方にチンパンジーが居た場所の近くで，小高い丘や尾根上でチンパンジーが鳴き交わす声を待つ
10:00	チンパンジーの声を頼りに捜索開始
11:00	チンパンジーに出会えたら，個体追跡の対象の個体を探す
11:30	個体追跡開始
17:30	観察を切り上げてカンシアナ・キャンプに帰り始める
18:15	カンシアナ・キャンプに到着
18:30	お湯浴び（お湯と水をバケツ 1 杯ずつ用意してもらって行水）
19:00	晩御飯（料理係のスタッフに朝、食材や調理法をおおまかに指示しておく）
20:00	その日に観察したチンパンジーの全個体，遊動ルートなどを他の研究者とともにデータシートに記録する
21:30	自室に入って自分のデータの整理，翌日の調査の準備
22:30	就寝

木の上に登って行ってしまい、見上げても詳細な社会行動が見えないなど、木の下でチンパンジーのお尻だけを眺めながら残念な思いを噛みしめることのほうが多い。

気をつけないといけないのは、そういう興奮状態のチンパンジーたちは下痢をして、辺りに糞尿をまき散らしながら走りまわったり、木の上を移動したりする。木の下から必死に上を見上げながらチンパンジーを追っているとまともにチンパンジーの糞尿を浴びてしまうことになる。観察に慣れていないころは服に糞尿がかかってしまったり、トラッカーに手を引かれて間一髪、災難を逃れたりすることがあった。長年トラッカーをしているスタッフは、チンパンジーの観察において遭遇する致命的な危険はもちろん、このような些細な注意点も熟知していて、感心してしまうことが多々あった。そういうことを繰り返しながら、そしてさまざまな観察における困難を体験しながら、やがて森歩きにも観察にも慣れていく。

写真 **5**　チンパンジーが棲むマハレの山々

データ収集の困難さ

チンパンジーの研究と一口にいっても、研究テーマもやり方も本当に多様だ。以下はほんの一例だが、チンパンジーが何をどれだけ食べているか、それらの食べ物がいつ、どこで手に入るかなどをおもに観察する研究の場合には、チンパンジーの採食行動に加えて果実の結実期やその生産量などを測定するという植物側のデータを収集する場合もある。また、チンパンジーの糞や毛を集めて遺伝的な研究のためのサンプリングをして、おもに日本の実験室で分析をするというやり方もある。チンパンジーは毎日異なる場所で樹上にベッドをつくって寝るが、そのベッドをカウントしていまだ見ぬ新しい群れの個体数や密度を推定するという研究もある。このような地道なサンプリング、データ収集は大変骨が折れる作業だし、思い通りにサンプルが集まらない、もしくは、ある程度長期にデータを取らないと全体がみえないなどの困難がある。しかし根気強く続けていくことで確実なデータセットが得られるだろう。何よりデータとなる植物、地面に落ちた糞や毛、樹上のベッドなどは逃げてしまうことはない。

それに比べて、私が研究対象にしていた〝覗き込み行動〟を始め、その他チンパンジーたちが生で繰り広げる融通無碍な社会行動、相互行為を記述するという研究は「今、この瞬間」を逃すことができない困難さがある。毎日が一期一会の繰り返しだ。私はフィールドノートにシャープペンシルで行動を記録するという、最も古典的な調査手法に加え、補助的にデジタルビデオカメラを用いて〝覗き込み行動〟を撮影することも行っていた。

たとえば私が、写真6のような見晴らしのいい観察路上でゆったりと余裕をもってチンパンジーを観察しているときに〝覗き込み行動〟が生起すれば、その生起時刻や個体名、前後の状況などをノートに記述してからビデオ撮影することで持続時間、細かいやり取り、周囲にどんな個体がいたか、などをしっかりと記録できる。しかし、たいていの場合チンパンジーたちは高い木の上で食事をしていたり、食べ物がある場所までブッシュのなかを追跡するのもやっとの速さで移動し、やっと止まったと思って追いついたときには、肝心の〝覗き込み行動〟がすでに始まっていて途中からしか観察できなかったりすることが多々あった。できるだけ社会行動の始まりから終わりまでを連続して記述したかった私は、ビデオカメラを常に手に持って歩こうかとも思ったが、岩場を登ったりブッシュのなかを匍匐前進したりする必要がある森歩きでは、そんなことは到底できない。カメラも壊れるし、そもそも手が塞がっていては森を歩けない。また、せめて観察路を歩いているときにはいつその行動が起こってもいいように、毎日朝から晩までビデオをまわそうか、なんてことを考えて実践してみたりもしたが、ビデオのバッテリーにも限界があるし、長時間もつバッテリーはとにかく重い。何よりも常時撮影なんてしたら、後々データ分析に必要な部分を捜すだけで膨大な時間を要することになる。

結局、常時撮影も常時ビデオカメラを手にもって歩くことも無理だとわかり、

写真 **6**　観察路に寝そべって弟を子守する若いオスのチンパンジー

フィールドノートに記述することをメインに、ビデオを補助的に使うというやり方に落ち着いた。そして、トラッカーにも自分が観察の対象としている行動はどんな行動で、それはできるだけ開始から終了まで詳細に観察したいのだということなどを伝え、追跡中などは研究者より前を歩くことが多いトラッカーに、その行動の開始を観察したらすぐ知らせてくれるように頼んだ。必要なデータをよりたくさん集めるために、できる限りの工夫や試行錯誤をして、やがて観察のスタイルが徐々にできあがっていった。

年配トラッカーの優れた技量

トラッカーの存在は、チンパンジーを見失わずに追跡することや森で迷わないために、あるいは森でのさまざまな危険を回避するために、研究者にとっては必要不可欠だ。年配のトラッカーはマハレが国立公園になる前は、まさにこの森で生活していた人々なので、森の植物の名前やチンパンジーにとって食物となるかどうか、どの部位がチンパンジーに利用されるか、いつ果実が結実するかなど豊富な森の知識をもっている。しかし、タンザニア政府が１９７０年代に行った集住化政策と１９８５年のマハレの国立公園化にともない、人々が森に住めなくなって新しく建設された村に移住したことで、トラッカーの技量にも影響がでている。新しい村で生まれ育った若い世代は、森で生活した経験がなく、これら森の知識に欠けているのだ。現在、スタッフの多くはマハレの北に位置するカトゥンビ村に住んでいる。若いスタッフは、そのカトゥンビ村や周辺の村で生まれ育った世代だ。森を歩く技術もチンパンジーを追跡する技術も、森で生まれ育った年配世代には到底かなわない。

年配トラッカーの凄さは、森の知識や森歩きの技術にとどまらない。チンパンジーには通れるが人には通行が困難な深いブッシュや岩場を、迂回していったんチンパンジーから離れてしまっても、必ず追跡していたチンパンジーのところに連れて行ってくれる能力は、研究者にとってとてもありがたい。見失ってしまっては元も子もないからだ。しかし、彼らと長く森を歩いているうちに徐々に気づいた別の凄さがある。それはいわば、気配を消す能力だ。年配トラッカーのなかには昔、森で狩猟を主な生業としていた人々も多い。彼らは動物の痕跡を探す能力には当然秀でているが、動物に警戒させないよう気配を消す能力をも兼ね備えている。気配を消す、というとわかりにくいかもしれないが、森の風景の一部に溶け込んでしまう能力とでもいえば、少しは伝わるだろうか。チンパンジーが落ちついて採食や毛づくろいに没頭している時間、研究者はゆったりと観察している。そんなとき彼らは少し離れたところで、トラッカー同士でお喋りしながら束の間の休憩をしている（写真7）。研究者の側も、トラッカーの存在を忘れてフィールドノートに記述していくが、時々トラッカーの存在を確認しないと、本当にいないかのように感じることがある。

人間に充分慣れているMグループのチンパンジーといえど、新規に移入してきた若いメスなど人

写真 7　森のなかで休憩中の年配トラッカー（左・故人）と中堅トラッカー（右）

の存在を気にして避けようとする個体もいる。年配トラッカーはそういう個々のチンパンジーの個性や彼らとの距離感、彼らにこちらを意識させない存在の仕方を心得ている。休憩中のお喋りの声も、抑揚が大きくて少々騒がしいスワヒリ語でのお喋りとは違い、彼らの民族語での、聞いていて眠くなるような低い囁き声での会話をしている。若い世代は、小学校での徹底したスワヒリ語教育と、多民族混住の影響でスワヒリ語しか話せない。彼らは、陽気なスワヒリ語テンションが生まれながら身についているので、その立ち居振る舞い、話し声の出し方、歩き方、すべてにおいて気配が少々騒がしい。チンパンジーにも、研究者にも、ちょっと彼らの気配が気になる場合がある。なんとなく想像してもらえるだろうか。そういう明文化できない技術や特性、それが年配トラッカーと世代交代した若いトラッカーの一番大きな違いと言っても過言ではない。

また、見ていないようで見ている、気配を消しながらしっかり注意は向けている、年配トラッカーの研ぎ澄まされた感性にも驚かされる。チンパンジーが長時間高い木の上で採食していて、ほとんど姿が見えない時間、研究者ですら疲れてちょっと座り込んで休憩してしまうことがある。そして、ぼーっと何気なく樹上を見ていたつもりが、いつの間にかチンパンジーがゆっくり木から降りてきたり、樹上を移動し始めたりしても気づかずに座っていて、年配トラッカーに指摘されることがある。彼らは低い声でお喋りしながら、森の風景に溶け込んで気配を消しつつも、チンパンジーの動きには注意を切らさない。ところが、若いトラッカーたちは静かにしているな、と思うとチンパンジーが動き始めても気づかず、研究者が動き出してから慌ててついてくるようなことがある。

森で生まれ育ち、狩猟で野生動物との距離感を経験値としてもっている年配トラッカーの能力は、随所で研究者を助けてくれた。しかし、そういう世代がどんどん高齢化して引退し、あるいは故人となり、今やチンパンジー調査は若い世代に支えられている。元猟師だった年配スタッフたちの、気配を消しながらも注意を切らさないあの秘技は、時の流れやライフスタイルの変化とともに消えていく運命なのかもしれない。

調査助手たちとの付き合い方

多くの研究者が年配トラッカーと森を歩くことを希望する。先に述べたとおり、若いトラッカーと年配トラッカーでは森歩きの技術に雲泥の差があり、データ収集にもそれは影響する。私もできるだけ追跡能力の高い、熟練トラッカーと森を歩きたいと思っていた。私は1年間の調査を終えれば日本に帰るのだから、できるだけ休まず森に行きたいと思う。ところがトラッカーたちは私が日本に帰っても、また新たな大学院生や研究者がやって来て、そして毎日森にチンパンジーの追跡に行く。私にとっては特別な1年間でも、彼らにとってはいつもの仕事、日常である。日曜日は休みたいのが当然だ。夕方もできるだけ早く帰って身体を休めたいのが本音だろう。

熟練スタッフは森歩きの技術は文句なしに素晴らしいが、体力は20代の大学院生にはかなわない。週末は休まなければ体力が続かないし、仕事の日であっても体調がすぐれないこともある。彼らの疲れ具合を見ながら、今日はトラッカーの仕事は休んで観察路の整備にあたってもらおう、そういえば部屋の網戸が破れていたからその補修作業をしてもらおう、などとトラッカー以外の仕事をお願いする日をつくり、身体を休めてもらう。

観察路の整備が専門のスタッフたちは、倒木で塞がれてしまった箇所を通すために倒木を除去したり、雨期に鬱蒼と茂って観察路を覆ってしまった草本を刈ったりという仕事をしている。これもチンパンジー研究にとって重要な仕事で、体力を消耗する力仕事だ。しかし、トラッカーの仕事と違って自分のペースで進められる。またトラッカーの仕事では、チンパンジーの観察条件がよい日には18時半頃まで観察して、その後遠い道のりを帰宅すると19時過ぎまで残業ということも起こり得る。それに対して観察路整備の仕事には、そんな残業は発生しない。研究者と常に一緒にいるわけではないので、仕事ぶりもそこまで厳しいチェックが入らない。トラッカーの仕事に疲れてしまったスタッフには2〜3日観察路整備の補助で気分転換をしてもらうのも有効な調整法だ。

年配トラッカーに別の仕事で気分転換をしてもらう間は、トラッカーとしては未熟な若いスタッフと森に行く。彼らにチンパンジーの顔と名前を教えたり、森歩きに慣れてもらったりすることも、次世代育成の点で重要だ。限られた期間でデータを集めなければならない研究者としては、毎日年配トラッカーと歩きたいのだが、年配トラッカーに研究者と同じモチベーションと体力を求めることはできない。

年齢やトラッカーとしての技量とは関係なく、お世辞にも勤勉であるとはいえないスタッ

写真8　研究をサポートしてくれるスタッフたちと筆者

フもなかにはいるし、誰だって楽をしたい。それは人情だ。そんな彼らはチンパンジーが岩場を猛スピードで駆け上って行ったり、追跡するのが困難なブッシュのなかに入ってしまったりしたら、「今日はもう観察は無理だから帰ろう」と言い出す。疲れているときや、それなりに長く個体追跡ができた日にはその提案に応じることもある。しかし、ときにはチンパンジーがすぐ近くにいるのに「もう無理だ」といって帰ろうとするスタッフもいる。そんなとき、「いや、このまま追跡しよう」と強くいえば、怠け心を出したスタッフも渋々ブッシュに入っていく。

研究者の側が、いつも難所を避けたり、しょっちゅう休みを取ってキャンプにいたりすれば、彼らの士気も下がる。研究者が粘っていいデータが取れて喜んでいれば、彼らの喜びにもつながる。自分のモチベーションを維持しつつ、スタッフの様子をみつつ、ときには休日出勤もお願いしながら、やがてお互いのペースを掴んでいく。マハレ滞在の後半には、連日一緒に森に行っているスタッフのほうから「明日は日曜だけど森に行くかい？」と聞いてくれるようになった。私の〝一日でも多く森に行ってチンパンジーを観察したい〟という思いは、スタッフにも伝わったようだ（写真８）。

無駄になる森歩きと休日返上

チンパンジーの社会行動の観察が、いつ・どこで・どんな状況でその行動が生起するかわからないために記録が困難であることは先に述べた。しかし、観察したい行動が生起するかどうか以前に、そもそもチンパンジーに会えるかどうかという問題がある。この問題は工夫と試行錯誤ではどうにもならない部分もある。人を対象にフィールドワークする場合には、ある程度相手と日程の調整ができるし、携帯電話が普及した今日では急な予定の変更も連絡し合うことができる。チンパンジーが相手ではそうはいかない。チンパンジーは研究者に用などないので、こちらが一方的に探して会いに行くしかない。すると、がむしゃらに森を歩いてもチンパンジーに会えない日も当然ある。また、チンパンジーには会えても個体追跡の対象の個体とは限らない。

まず、チンパンジーに会うこと、次に個体追跡の対象の個体に出会うことが必要である。そのうえで、観察したい社会行動の場面に遭遇する可能性に初めて立ち向かえる。何事も予測不能なため、せっかく森に出かけたのにチンパンジーに会えずじまいで一日無駄に終わることもある。平日に満足に観察ができなかった場合や、順調に観察できそうな、比較的チンパンジーが集まって遊動する時期などは、週末であっても、多少疲れていても森に行きたいし、データ収集上その必要も出てくる。さらには、今日休んだら今日に限って狩猟と肉食行動、研究対象である〝覗き込み行動〟、もしくは何か新奇な行動や出来事が起こるかもしれない。そう思うと曜日に関係なく観察に行きたくなるし、休んでなどいられないという気分に駆られる。

故西田先生がよく仰っていたことだが、チンパンジー研究の醍醐味は、何十年研究を続けていても、ある日まったく新しい行動、新しい出来事が観察されることだ。今日森に行かずに寝ていたら、今日に限って何か面白いことが起こるかもしれない、という思いに駆られ、疲れた身体を押してでも森に行きたくなる。そんなに休むことを恐れなくとも、多くの日はチンパンジーにとっても研究者にとってもごくありふれた日常で、そうそう変わった出来事や特筆すべき現象に出会うわけではない。何度もマハレを訪れている研究者ならば、そのあたりのさじ加減も心得て、休むべき日は休む、と割り切れるのだろうが、博士課程の大学院生で初めての長期フィールドワーク、初めての憧れの地マハレ、ということでうまく割り切れなかった私は、若さに任せて、毎日がむしゃらに森を歩いていた。

図2は1年間のフィールドワーク中に、私がカンシアナ・キャンプで寝た327日のうち、Mグループのチンパンジーの調査のために森を歩いた日数、広域調査のためMグループのチンパンジー調査以外の目的で森を歩いた日数、そして休日数などを表している。

この図から、私がマハレに滞在した327日のうち、森を歩かなかった日数は休日と、雨やトラブルで調査に行けなかった日数を合計した56日となる。1カ月平均で4～5日だ。週1回程度の休日という妥当な数字にみえるかもしれないが、雨による休日は雨期に集中しており、5月～12月にかけて雨で休んだのは1日だけだ。1カ月の休日が最も少なかったのは6月と8月でそれぞれ2日しか休んでいない。私がマハレ入りしたのが5月下旬だから、調査の前半はチンパンジーの顔と名前を覚えるためにも、ほとんど休みを取らずに森に出ていたことがわかる。

体力の限界に達し、今日こそは休むぞーと朝寝坊と昼寝を予定してベッドでごろごろしているときに、冒頭のようにチンパンジーがカンシアナ・キャンプを訪れることが何度かあった。欲張りな私は、せっかくチンパンジーが会いに来たのだからと、ビデオカメラやフィールドノートを掴んでチンパンジーの観察を始めてしまう。カンシアナ・キャンプのまわりにはレモンの木がたくさんあり、チンパンジーはしばしばこのレモンを食べにやってくる。レモンを食べているとき、私の研究テーマだっ

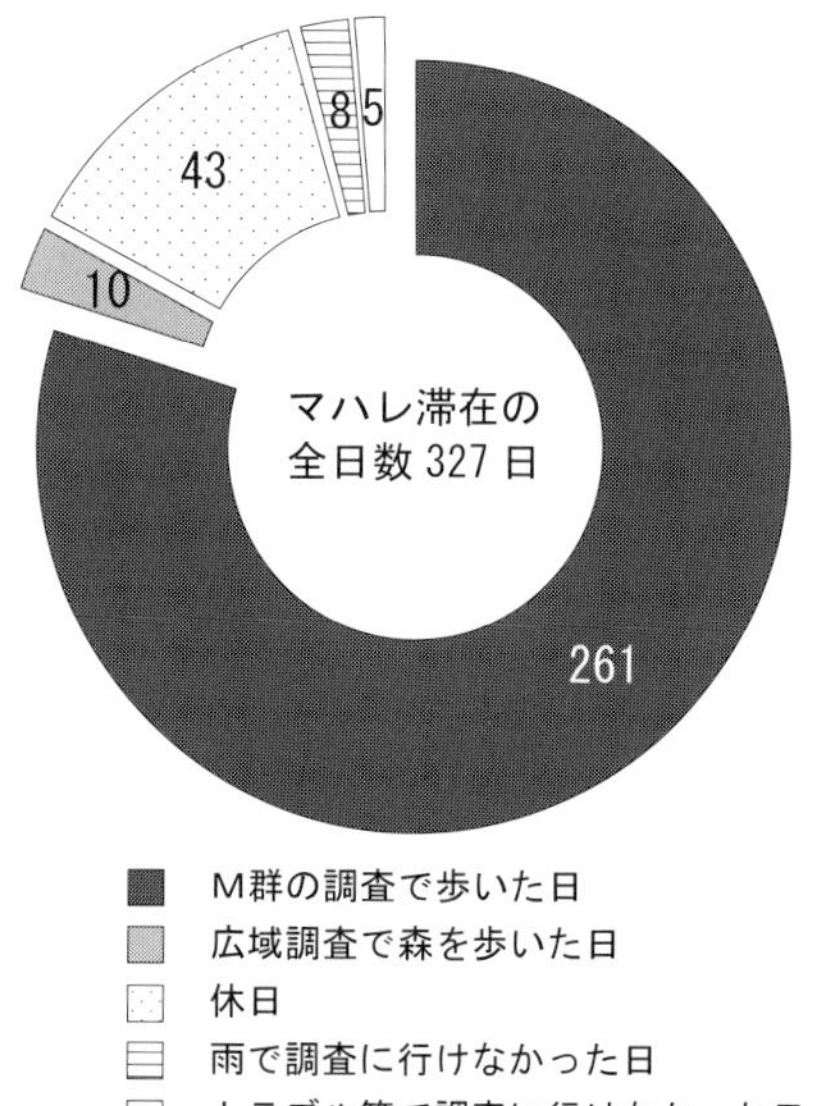

図2　マハレ滞在中に森を歩いた日と休んだ日

た「見る」――「見られる」という個体間の面白い相互行為がよく起こる（写真9）。そんな事情もあり、せっかくの休日も途中から休日でなくなってしまう。休んだのか休んでいないのか、よくわからないうちにまた夜が来て、翌朝には調査に出かけるのだ。だからせっかくチンパンジーのほうからキャンプを訪問してくれても、「あーあ、また来たのか。今日はのんびり寝ているつもりだったのに」となるわけだ。

休日は休日として、チンパンジーが来ても寝てればいいのだろう。でも、やはりチンパンジーが目の前に来たら観察しに行きたくなってしまう。これは私が欲張りなせいもあるだろうが、それだけではない。というのは、図3に示すようにチンパンジーの調査で森を歩いた261日のうち、チンパンジーに遭遇できた日数は225日だった。つまりせっかく森に出かけて歩きまわり、声を聴いたり足跡を探したりしてもチンパンジーに出会えなかった日が36日もあるのだ。また、図4のようにチンパンジーに出会えた日のうち、観察対象の個体に出会って見失うことなく個体追跡ができた日数は176日だった。チンパンジーに出会えても目当ての個体ではなかったり、人が追跡するのが困難な急峻な谷をあっという間に駆け上っていって追跡を断念したりする日もある。そんな日が49日、つまり約1カ月半近くもあるのだ。

写真9　レモンを食べるオトナメスの口元をコドモが覗き込む

マハレに滞在した全日数３２６日のうち、調査に出かけてチンパンジーに出会えた日数は２２５日（69%）、個体追跡ができてデータ収集可能だった日数は１７６日（54%）となるのだ。さらに細かい話になるが、Ｍグループのチンパンジーの調査のために森を歩いた時間は合計２３１６時間2分だったが、そのうち、とりあえずチンパンジーを見ていた時間は１５３０時間24分で全フィールドワーク時間の66・１%だった。そして、しっかり観察対象の個体を個体追跡で観察できた時間は１１１９時間で、全フィールドワーク時間の48・３%だった。森を歩いていた時間のうち、データ収集として有効だった時間は半分にも満たないのが現実だ。論文に反映されるデータ収集時間、いわゆる個体追跡時間の陰には、それとほぼ同じだけの、データとしては残らない、いわば無駄になってしまうフィールドワークの時間があるのだ。これらの数字をみれば、休日返上で森に出かけ、少しでもデータを集めたいという気持ち、意を決して休日にした日に、チンパンジーがキャンプを訪れ、休日が休日でなくなるときの嬉しい反面、がっかりする気持ちを少し

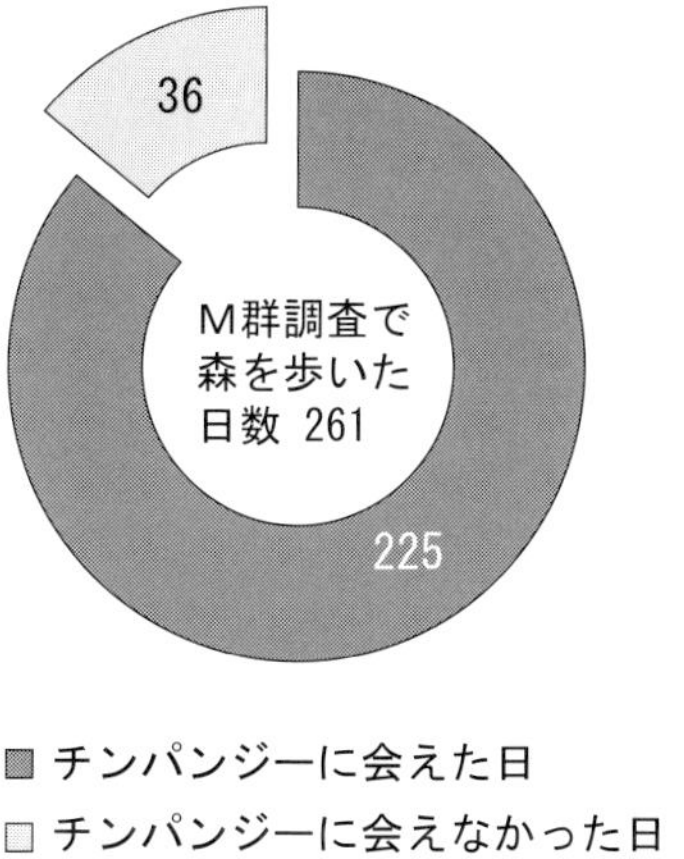

図３　チンパンジーに会えた日数と会えなかった日数

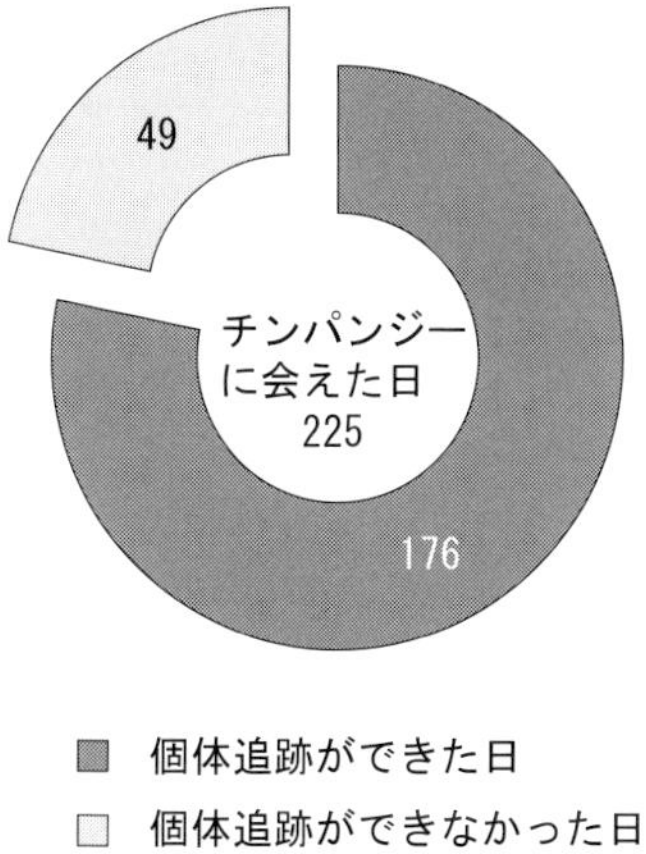

図４　個体追跡できた日数とできなかった日数

は理解してもらえるのではないだろうか。

1年間のマハレでのチンパンジー研究のフィールドワークは、長いようであっという間に過ぎ去ってしまった。マハレでの調査を終え、日本に帰って来てからも、時々日曜日などにベッドでまどろんでいると、チンパンジーのパントフートを聞いたような気がしてハッと身体を起こし、そこが日本の自宅のベッドであると気づいて一人で笑ってしまうことが何度かあった。日本の家で、チンパンジーのパントフートに起こされることは決してないはずなのに。そんなときはマハレの森で聞いたチンパンジーの声や鳥の声、満点の星が瞬く夜の森に響くコウモリの声などが思い出され、目を閉じればほんのひととき、カンシアナ・キャンプのベッドの上へと時空を超えた旅を楽しむことができる。

参考文献
Altmann, J. (1974) Observational study of behavior: Sampling methods. *Behaviour* 49, pp.227~267.
西田利貞（１９８１）『野生チンパンジー観察記』中公新書.
Nishida T, Kano T, Goodall J, McGrew WC, Nakamura M (1999) Ethogram and ethnography of Mahale chimpanzees. *Anthropological Science* 107, pp.14~188.
西田利貞・上原重男・川中健二編著（２００２）『マハレのチンパンジー：《パンスロポロジー》の37年』京都大学学術出版会.
藤本麻里子（２０１０）「見る」――「見られる」による相互行為の創出と拡張：チンパンジーの覗き込み行動の分析から、木村大治・中村美知夫・高梨克也編著『インタラクションの境界と接続：サル・人・会話研究から』昭和堂、pp.123~141.

Column 3

欲の根源は食欲

阿部 幹雄
ABE Mikio

人間の欲の根源は、食欲だ。食欲を満たせば精神は安定、集中力が途切れず安全が保たれ、人間関係も和やかになる。このことに3年連続して毎年3カ月間、南極でテント暮らしをして気がついた。南極観測隊の研究者たちの食欲を満たしたのは、私が開発したフリーズドライ食料「極食」だ。

日本から飛行機で南極を往復。基地に滞在せずセール・ロンダーネ山地という山岳地帯（第5章図1参照）でテント生活。移動はスノーモービルと徒歩。厳しい南極の自然から身を守るシェルターがいっさいない地学調査隊。こんな形態の南極観測を日本は初めて試みる。研究者を支え、装備と食料を準備し、安全管理をするのがフィールドアシスタントの任務だ。ひとりもけがをさせず、ひとりも失わずに帰国することこそが、究極の任務である。

２００６年秋、国立極地研究所の本吉洋一教授から、セール・ロンダーネ山地地学調査隊（以下、セルロン隊と略）のフィールドアシスタントを務めて欲しいと依頼があった。調査期間は白夜の夏だが、気温は氷点下30℃、風速30ｍのブリザードが吹き荒れるという。しかも氷河はクレバスが多くて危険きわまりなく、日本隊は過去に大事故を起こしている。

初めて、そして危険であることに魅力を感じた私は、「行きます」と即答した。〝探検〟の匂いが漂う誘いだったからだ。

食料をどうするか。セルロン隊で最も重要で、難しい問題だ。飛行機で全物資を輸送するため、食料の軽量化が絶対条件。昭和基地で越冬する隊員が1年間に必要とする食料は約1トンであるが、第49次セルロン隊（2007/2008）の場合は7人分・3カ月間の食料を1トン以内に納めなければならなかった。つまり、普通の南極観測隊の食事なら約2トンになる食料を、2分の1の重量にしなければならなかった。軽量化するには、フリーズドライ食料しか考えられなかった。

積雪期登山訓練を北海道の十勝連峰で行い、市販のフリーズドライ食品を試した。おかずになる市販品はカツ丼や牛丼、カレーくらいしかなく、値段が高いのに1食の量が少なくて不味かった。こんな市販品を3カ月間も食べていたら、研究者の不満は爆発する。市販のフリーズドライ食料に南極で使用できるものがないなら、自分で開発、製作するしかないと思った。

フリーズドライ食料開発の時間は、物資発送までわずか3カ月。私は、昭和基地で越冬するフランス料理のシェフ、青堀力に食料フリーズドライ化計画への協力を求めた。青堀と長野県安曇野市にある日本エフディ社を訪ね、「食材が大きくて厚みがある料理をフリーズドライ化して欲しい」と松田政和副社長（当時）に頼んだ。

「日本のフリーズドライ技術は、3分で戻り食べられるインスタントラーメンの具材をつくるために発展してきました。日本の技術は世界のトップです。しかし、阿部さんの希望は業界の非常識です。そんなものが、できるわけがない」。フリーズドライについて知識がない私は、暗然とした。が、松田さんはこう続けた。「でも、面白そうだ。南極観測隊に協力しましょう」。

フリーズドライ、凍結乾燥とは食品を氷点下30℃以下で凍結し、凍結乾燥機のなかを真空状態にしながら徐々に温度を上げ、水分が氷の状態（固体）から水蒸気（気体）になる昇華という現象を利用して乾燥させていく。フリーズドライ化した食品は、色調、風味、成分、ビタミンやミネラルなどをそのまま保ち、多孔質に仕上がるため加水すれば元通りに復元できる。

青堀と私、研究者2名が日本エフディ社に出向き、第49次セルロン隊7人の105日分の行動食と20日分の予備食のおかず、食材を調理した。つくるおかずは32種類、2200食。食材は、肉、魚介類、野菜、きのこ、納豆や炒り卵、果物だ。これをわずか5日間で調理して凍結庫へ入れた。凍結された食料は72時間をかけ、凍結乾燥（フリーズドライ）された。通常の凍結乾燥に必要な時間は、24時間。大きくて厚みがある食材だったので、3倍の乾燥時間が必要だった。

凍結乾燥すると重量は、野菜なら10分の1、肉は3分の1、焼き魚や煮魚は3分の1から4分の1の軽さになった。528kgあった全食料が138kgになり、390kgも軽量化された。乾燥前に比べれば26・1％、約4分の1の重量になっていた。おかげで食料の全重量は、1トンに納まった。

つくったおかずは、ほたてのトマト煮、海鮮チリソース、ステーキ、豚肉のマスタード煮、ビーフストロガノフ、肉じゃが、煮込みハンバーグ、鰯の梅煮、すずきの塩焼き、大豆とひじきの煮物、麻婆豆腐、茄子と挽肉のカレー、チキンカレー、牛丼、親子丼、カツ丼などなど。戻りの早い野菜なら熱湯を注いで10秒、ステーキは30秒、ハンバーグでも3分で元通りに蘇る。

まるで魔法だった。

研究者たちは、熱湯をかけるだけでフランス料理のシェフ・青堀力の味が復元される手軽さに驚き、その美味しさを堪能した。

こうして食料フリーズドライ化計画は軽量化を実現、隊員たちの食欲を満足させたが、課題が残った。ロールキャベツ、さんまの塩焼きなど復元が困難な料理があったのだ。フリーズドライに適した料理とは、食材とは、どんなものなのか。おかずは32種類をつくったが、もっと種類を増やしたい。3カ月間、32種類では単調な食事になるため、料理が得意な研究者がフリーズドライ食材を使って毎日、数種類のおかずをつくった。テント生活での調理は、かなりの肉体的な負担だった。

私は研究者の負担を軽減し、調査に専念できる態勢をつくれないだろうかと考えた。そして、食欲をもっと満足させたい。帰国直前、日本に帰ったら何を食べたいのかと研究者たちに聞いた。答えは、さしみ。ならば、フリーズドライでさしみをつくろう。そして第50次隊の研究者たち5名に南極で食べたい料理を聞いた。天ぷら、バーベキュー、ジンギスカン。ならば、南極で食べさせてあげよう。

第50次隊（2008／2009）の料理人は、調理師篠原洋一。第33次隊で越冬、その後は客船「あすか」の料理人となり世界一周の航海を9回も体験、世界の味を知っている。篠原に「夕食におかず3品を食べ、40日間、毎日違う料理の献立をつくって欲しい」と頼んだ。つまり、おかず3品×40日、120種類の献立だ。

篠原は、128種類のおかずをつくった。これだけ多品種のおかずを試すと、フリーズドライに適した料理・食材が理解できた。夕食は肉料理と魚料理の主菜を各1品。野菜をたっぷり使った副菜のおかず1品の計3品。夕食のとき、食料係はおかずが入ったトレーに熱湯を注ぎ、配るだけだ。お湯で復元したフリーズドライの肉や野菜が、たちまち凍る寒さにめげず炭火で焼いたクリスマスのバーベキュー。フリーズドライの食材を復元して揚げた天ぷら。北海道猿払のほたて、礼文島のきたむらさきうに、知床羅臼のぼたんえび、といったとびきり活きがよい食材からつくったフリーズドライ刺身の海鮮生ちらし寿司（写真1）。

写真1　「極食」の一例

海鮮生ちらし寿司の刺身．知床羅臼産ぼたんえび（左），まぐろ（上），礼文島産きたむらさきうに（下），猿払産ほたて（右）．

開発されたフリーズドライ食料「極食（きょくしょく）」は、テント生活をきわめて楽しいものにした。食べる前、写真を撮るという予想もしない反応が起き、大きな効果が現れた。もの珍しさと驚きが、写真撮影させる気持ちを生み、会話を弾ませ、和ませ、笑顔をもたらすのだ（写真2、3）。

「極食」は、食欲を満たすだけでなく、楽しませ、和ませる効果を発揮した。

人間の欲を満たせば精神は安定し、集中力が途切れない。技術的な訓練より、集中力を保ったほうが南極での安全につながる。

安全は、食にありなのだった。

50次隊の経験から、食べた料理を覚えているのは3週間にすぎないことがわかった。51次隊（2009/2010）では、50次隊でつくった128種類のおかずから復元に優れ、評判のよかったものを厳選、27日サイクルの献立をつくった。さらに53次、54次隊では、献立をさらに厳選して20日サイクル、60種類の南極のフィールドワークを支えるフリーズドライ食料「極食」が、

写真2　テントのなかで食事を囲む

完成したのだった。

「極食」は南極のフィールドワークにおける食事の自由を実現している。51次隊では、お湯をかけ、復元することも研究者任せにした。毎夕、配られる3品のおかずを食べる順番、ペース、分量などを自分で決めるようにした。食事に〝わがまま〟、つまり〝自由〟が発揮できるようにしたのだ。そうすることにより、〝給食〟ではなく、賑やかな談笑が繰り広げられる晩餐のひとときに変わる。私は、自由なフィールドワーク環境が、研究者にとって非常に大切だと思う。

49次隊から、太陽光発電を試みていた。50次隊で、1枚の重量1kg、36ワットの発電ができるアモルファスパネル4枚を使い、軽量な太陽光発電システムをつくり上げた。しかし、発電量が足りず、蓄電池2台では蓄電能力も不足。電力不足に陥り、毎日、電気ポットでお湯を沸騰させることができなかった。51次隊では発電パネルを8枚、蓄電池3台に

写真3　食事を撮影して喜ぶ隊員たち

増やし、電気ポットで水を沸騰させ、保温し、フリーズドライ食料に必要なお湯をいつも供給できるシステムをつくった。さらには１００ℓ分の水タンクを準備し、太陽熱で溶けた氷河の水を積極的に集め、利用した。そうすれば雪を溶かして水をつくるコンロの灯油使用量を大幅に削減できる。ささやかながら、南極の環境を守る試みだ。

お湯さえあれば食べることができるフリーズドライ食料、「極食」。だからこそ、南極で太陽エネルギーを活用したテント生活が可能になった。

宇宙航空研究開発機構（ＪＡＸＡ）は、国際宇宙ステーション（ＩＳＳ）に長期滞在する日本人宇宙飛行士の「宇宙食」に「極食」が適していると考え、国立極地研究所に提供依頼を行った。第51次南極地域観測隊セール・ロンダーネ山地地学調査隊は、野口聡一宇宙飛行士と山崎直子宇宙飛行士に「極食」を提供。２０１０年４月、猿払産ほたて、礼文島産きたむらさきうに、知床羅臼産ぼたんえびの刺身を使い、二人は外国人宇宙飛行士とともに寿司パーティーを開いた。それ以降も毎年、日本人宇宙飛行士に南極観測隊の「極食」が提供されるようになっている。南極のごちそうが、宇宙のごちそうになったのだ（写真４）。

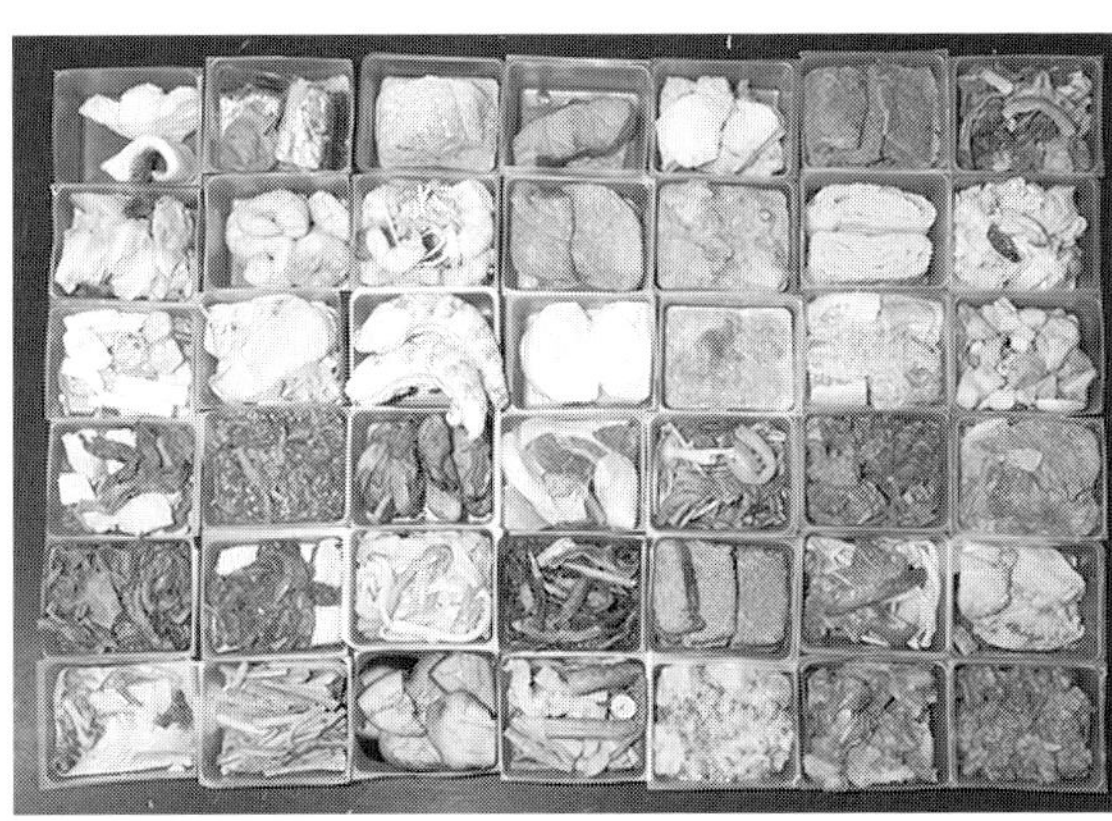

写真 **4**　宇宙食になった「極食」**42** 種類のおかず

Part IV

調査生活で見出す
世界のつながり

多様な要素が複雑に絡む日常の場において、フィールドワーカーは自分と世界のつながりにいかにして気づき、それを深く理解していくことができるのであろうか。また、それを通していかなる研究の視点が得られるであろうか。第8章（久保）では、タイ北部の難民を対象としたフィールドでの食事において、調査者が考えていたホスト／ゲストの考え方と難民の考え方の間にある「ずれ」から、彼らをフィールドワークする研究のもたらす社会的意義を考えるプロセスが示される。第9章（里見）では、日本での出来事と南太平洋の島での出来事の共通点を、調査者と現地の人びとが認識しあう体験が描かれる。そしてこのような共鳴を通して記録・考察を行っていく方法の可能性が示唆される。

8 難民について調査する

食からみる難民社会へのかかわり方

久保 忠行
KUBO Tadayuki

自分の家で世話をしてきた外国人の訪問客が、「お世話になったお礼に」と自分の国の料理を振舞うことになったとしよう。知らない人から差し出された料理ではないし、仮にその料理がどれほど「美味しくなさそう」であったとしても、私たち日本人の感覚からすれば、一口くらいは口をつけてみるだろう。どうしても食べられそうになかったら、それらしい理由をつけて、丁重にお断りするだろう。そういう「常識」をもって私は彼らに料理をすすめた。

しかし、私の「常識」は通用しなかった。お世話になった人たちに、いかがですかと勧めてみても首を横にふって無反応。どちらかというと、困った表情を浮かべているようにもみえた。結局、誰も一口も口をつけないまま料理は冷めていき、ブタの餌となってしまった。学部生のころ、私が初めて調査地に出かけた際の苦い経験である。このように「あたりまえ」が崩壊するのがフィールドワークの醍醐味である。

本章は、食を切り口として難民の調査について論じる。難民は「困っている」はずなのに、私の「善意」が無視されたのはなぜか。私が調査対象とするのはタイ北西部メーホンソーン県（図1）に1989年から居住するカレンニー（赤カレン）難民である。彼らは隣国ビルマ（ミャンマー）を出身とするが、同国での紛争のためタイで避難生活を送っている。そもそもなぜ私は難民について調査することになったのか。私と難民との出会いから話を始めることにしよう。

難民との出会い

カレンニー難民との出会いは、2001年2月、私が大学3回生のころであった。きっかけは、友人に誘われてタイの「首長族」の村に観光旅行へ出かけたことである。出発直前に誘われた私は、パスポートすらもっていなかった。慌ただしい日程でも誘いにのったのは、幼いころ、テレビで「首長族」を見たときの衝撃があったからである。自分の目で見てみたいという興味が、私をタイへと向かわせた。

私たちが訪れたのは、タイ北西部メーホンソーン県の観光村である。当時、道路は舗装されておらず車がパンクしそうな強い揺れを感じながら、村へと向かった。舗装されていない道路、見慣れない木々が生い茂る風景は、私たちに「秘境」を感じさせるのに充分だった。「首長族」の自称はカヤン（カヤン語で人間の意）なので、以下ではカヤンと表記する。

カヤンの女性たちは、5歳ごろから首にリングを巻き始める。この風習の由来には諸説があり、どれも定かではない（久保2014）。リングは螺旋状でひとつらなりになっており、首の長さと太さに合わせて巻きつけていく。首が伸びるから長くみえるわけではなく、数kgにもなるリングの重さの

図1　タイ北西部のメーホンソーン県

ため、なで肩になるからである。成人の女性ともなれば、首に幾重ものリングを巻きつけている。村にはリングをつけた女性が何人もいた。

観光村は集落になっており、土産物屋になっている軒先の奥からは、煙にまじる料理のにおい、排水の臭気が感じられ、子どもの泣き声が聞こえくる。外国人向けの観光村でありつつも生活臭が漂う。その光景を前に、私はふらりと訪れた外国人観光客が、彼女たちの暮らし場をのぞき見するような感覚をもった。風変わりな見た目の印象は強烈で、文化の違いという説明だけでは腑に落ちなかった。なぜ彼女たちは首にリングを巻いて観光業を営んでいるのか（写真1）。

私はこの疑問をとくため、半年後の2001年8月に一人で村を再訪した。大学の倫理学ゼミのレポートで「自分の問題意識にそったレポートを記述せよ」という課題が課せられていたこともある。そこで私は、1カ月間、村に滞在することにした。彼女たちは、戦争のため村には住めなくなったのでタイへ来たという。しかし観光村というだけあって村の雰囲気はいたって平和で、難民といわれてもピンとこなかった。

彼女たちの自称は「カヤン」だが、彼らは「カレンニー」と自称することもある。「カヤンかカレンニーか、どっちなんだ」と問うても、「両方」というような答えが返っ

写真1　観光村で団体客に踊りを披露している
カヤン女性たち

てきて要領をえない。観光業の謎に加えて、彼らの民族意識の所在はどこにあるのかも私の興味を惹いた。

そんなある日、村の者ではない2人の若い男性が近寄ってきて、おもむろに一枚の手紙を渡してきた。その手紙には英語でこんなことが書かれてあった。「私たちは、カレンニー第3難民キャンプの高校生です。高校の図書館への寄付金を募っています。カレンニー難民キャンプの高校生は、私たちの将来のため教育をつづけるよう努力しています。寄付金はいくらでも歓迎します」。

私が100バーツ（約300円）を彼に手渡すと、2人はお礼をいってその場を立ち去った。このやりとりをみていたある女性は「偉い！」といって私を褒めた。それからというもの、村の住民は私に、もう一つの観光村のN村に行くように勧めてくるようになった。そこに知人はいなかったので乗り気ではなかったが、勧められるままN村を訪問した。

N村は私が滞在していた村よりも大きな観光村であった。村を歩きまわってみると、村の奥には小径があり人が行き来している。茂みに囲まれた小径を10ｍくらい進んでみると、急に視界がひらけ赤土色の大地が目に飛び込んできた。そこには観光村と同じようなつくりをした家々が立ち並んでいた。ここが、私が図書館のお金を寄付したカレンニー第3難民キャンプであった。1時間ほど歩きまわっても、キャンプの全体像はよくわからなかった。それほど広大な土地に多くの人が住んでいた。

このキャンプ訪問を境に、私はここに本当に難民がいることを実感しはじめた。観光という「光」と、その「影」にある難民。観光と難民をつなぐ隣国ビルマの紛争。「観光と紛争」という奇妙な同居が私を惹きつけた。

タイ・ビルマ国境のタイ側には、10カ所の難民キャンプがある。私が足を踏み入れたキャンプのように比較的アクセスがしやすいキャンプもあれば、地理的環境から山奥にひっそりと存在するキャンプもある。タイに初めて難民キャンプが設置されたのは１９８４年で、国境全体の難民数は約14万人にものぼる。そのうちカレンニー難民の人口は約2万人であった(08年調査当時)。難民の暮らしのベースには、国際ＮＧＯから提供される支援があり、米、砂糖、塩、魚醤、食用油、緑豆、アジアンミックス（穀物を粉状に混ぜたもの）が配給される。

受入国のタイは、難民のタイ国籍取得を認めず、帰還を前提に難民を受け入れている。国籍取得を認めないのは、陸続きの国境地域は絶えず人が往来しており、難民を含む移動民を正確に把握し登録することはできないからである。難民は、あくまで一時的に滞在する「よそ者」としてタイで暮らしている。難民の生業は認められておらず、キャンプの住居はいつでも取り壊しが可能な木材が用いられる。いわば、難民とはタイにとって「招かれざる客」なのである。そうした難民生活が１９８０年代から現在まで続いている。

この間につくられた難民キャンプは、一見すると集落のようにもみえる（写真2）。しかし、人口密度が高く住居が密集している点、キャンプからの外出は禁止されている点、生業ができない点などで、かつて人びとが暮らしていた村落とは異なる。数万人もの人びとが居住する難民キャンプは、支援の都合上、千人程度をめどにセクション分割されている。基本的に無作為に割りあてられたセクションや住居で暮らす人びとの間に、必ずしも付き合いや扶助があるわけではない。

写真 **2**　難民キャンプの遠景

なかには「支援があるので私たちが助け合う必要はない」と言い切る者もいる。難民キャンプとは、多くの人を一元的に管理するための統治機構で、「よそ者」の難民の受け皿として運営される。そのなかで彼らは住まわされているのである。

暮らしの場としての難民キャンプ

難民キャンプといえども、10年、20年と暮らせば「生活の場」となる。実際に、難民キャンプを運営しているのはタイ人や支援者の外国人ではなく難民自身である。学校、病院、教会といった社会インフラの運営をはじめとして、人口統計の収集やニーズを把握するのも難民自身である。

ここで暮らしの根幹をささえる食生活に着目してみよう。配給されるのは主食の米と調味料、穀物のみで、肉類や魚類、野菜や味付けに欠かせない唐辛子や味の素は配給されない。また衣類、石鹸、シャンプーなどの日用品も配給されないので自ら購入する必要がある。難民なのに自足が求められるという矛盾が成立するのは、難民をキャンプに隔離するという原理原則とは対照的に、難民の生活世界はキャンプ外に広がる関係性から成立しているからである。

難民として暮らす彼らには、おもに4つの収入源がある。

一つめは、支援機関の現地スタッフとしてキャンプ運営に携わりインセンティブとして収入を得ることである。収入は職種によって異なるが、学校の教師なら1カ月あたり600バーツ程度、国際NGOのキャンプスタッフで700バーツ程度である。当時県内のタイ人の最低日給約170バーツと比較すると、かなり安い給料である。しかしキャンプでは野菜などを5バーツ単位で購入することができる。

二つめは、季節労働者としてキャンプの外で働くことである。キャンプ外での就労は禁止されているが、事実上黙認されている。難民ならばタイ人の半分から3分の1程度の日給（40〜100バーツ）で雇用できるからである。

三つめは、自身で商売をすることである。キャンプでは、生活必需品や食料品を売る商店が点在している。商店には、野菜、果物、飲み物、菓子、日用品、嗜好品、CDやDVD、衣服、薬など、あらゆる商品が売られている。食堂や散髪屋もある。商品や食材は、最寄りの街から運ばれてくる。値段は安く設定されているので商売は薄利多売で成り立つ。店を開けるほど資金に余裕のある者は限られており、多くの人は豚肉を売買して収入源にしている。住居脇の小屋で豚を飼育し、肥えた豚は約百kg分の肉になることもある。豚肉は1kgあたり50〜60バーツ程度で売れるのでまとまった収入になる。

四つめの収入源は、支援制度を通して海外へ再定住した家族や友人からの送金である。送金がさかんにみられるようになったのは、2005年以降である。

難民キャンプでの暮らしは、キャンプの内側のみで完結しておらず、支援機関による事実上の雇用や地域社会との関係性、さらには国境を越えた繋がりから成立する。地域社会とキャンプには、密接なかかわりがある。カレンニー難民キャンプの現在地は、もともとビルマとタイを結ぶ交易拠点でもあった。カレンニー難民キャンプは、通称で「ノーパア」とよばれているが、これはカレンニー語で水牛が泥浴びをする足場の悪い場所を意味する。「ノーパア」は、トラクター村と水牛村とよばれる2つのゾーンにわかれている。トラクターと水牛は、チーク材をはじめとする物品の運搬に使われていたことに由来する。キャンプの通称からは、管理施設としてのキャンプの影に隠れた地域史がみえる。

従来から人の往来がさかんな国境地域で、数万人規模の難民が集住するキャンプが数十年間も存続することは、地域史上、特筆に値する。難民が受け取る支援を軸にしてみるとキャンプは非日常的な空間だが、そこで暮らす人を中心にみた場合、そのなかに日常性や歴史性がある。人間を一元管理する側面と、生活の場としての側面の二重性を抱えるのが、長期化した難民キャンプであり、私の調査地であった。

食からみる難民と調査者との関係

難民キャンプは、彼らのもともとの暮らしの延長線上にある。ここに「私からのお礼」が拒否された理由がある。彼らの生活の場では、難民という先入観をもって接すると奇妙にみえる主客関係がある。この関係性をわかりやすくするために、一般的な難民の位置づけと、カレンニー難民と私との関係性を次のように整理してみよう。

調査に赴く前、紛争や難民の調査に関する文献を読むと、調査にはジレンマがともなうと書かれている。目の前に困っている人がいるのに、支援ではなく調査をしている場合なのかという葛藤である。たとえば栗本は、紛争にかかわる現場での調査上の難点として、『飢餓の民族誌』の著者であるデ・ワールを参照し、「飢えている地域社会のなかで、自分用の食糧を携えて長期の調査を行う人類学者は、倫理的ジレンマにとらわれる」と指摘する（栗本 1995）。自分だけが食糧を持参しても、彼らの配給を分けてもらっても、いずれも問題があるように思える。前者はともに暮らすことを必須とする人類学者らしからぬ行為と思えるし、後者にも倫理的な問題がある。これでは人類学や地域研究の基本である現地の人と同じものを食べることもできそうにない。

しかし、幸いにもこうした心配は杞憂におわった。それは、私とカレンニー難民との関係では、カレンニー難民がホストであり私がゲストという立場とされたからである。調査を始めてまもないころに、私を少し悩ませた問題がある。食事をどうするかという問題であったが、それは「食べるものがなくて困った」ということではなく、逆にたくさん食べることを期待されて困ったことであった。

カレンニーの人びとには、飲み物や食事、嗜好品のビンロウ（キンマの葉に石灰、ビンロウジ、好みでタバコなどを巻いて口にする嗜好品）を旅人や訪問者に提供してもてなす慣習がある。出先で食事時になると、食べ物を勧められる。この慣習では、もてなされた側はホストが出す料理に一口でも口をつけなければ失礼にあたる。食事の場面には決まり文句がある。「美味しくないけど」といって料理が提供され、こちらが腹いっぱい食べたとしても「少ししか食べなかったじゃないか」という一言を残して料理が下げられる。この慣習はタイで暮らすカレンにもみられる。カレンのもてなすという行為は、社会的な威信を獲得するための行為であるとも考えられている（速水２００９）。ゲストに食事や宿を提供しない（できない）ことは恥ずべきことなのである。

最初のころは、この慣習の意味がわからず、どのように付き合えばよいのかわからなかった。なぜそんなに食べなければならないのかと思ったこともある。最初のころは、一口でも食べればよいということを知らずに差し出されるまま食べ過ぎてしまったり、逆に非礼にも断ってしまったこともあった。明らかに食べきれない米を盛られた場合は、口をつける前に食べられない分をおかわり皿に戻せばよい。カレンニー料理は、スープ料理が多く味付けはさっぱりしていて日本人の口にはあう（写真3）。辛さが欲しいときは、サイドメニューとして出される生唐辛子に塩をつけてかじる。彼らはとにかく白飯をよく食べる。皿に丼ぶり一杯分強ほどの白飯と、それと同じくらいの分量のおかわり二杯分ほどが、最初に同時に出される。

調査にも慣れてきたなと実感できたのは，「決まり文句」に気がつき，「もてなされること」をかわせるようになったときである。食事をしていけというやりとりはカレンニー同士にもみられるので，かわし方も真似をすればよい。料理が出てくれば食べないわけにはいかないが，出てくる前に失礼したり，次の予定を伝えるのも一手だ。こうした慣習をめぐっては，冗談半分で，「カレンニーはどこでも食事にありつけるし，どこでも眠れる」という者もいる。彼らが難民キャンプまでたどり着くまでのプロセスを聞くと，この冗談はあながちまちがいではないようだ。彼らの故郷であるカヤー州から難民キャンプまでは，徒歩で最大7日間かかるという。聞き取りをすると道中で見知らぬ人の世話になったと答える人は少なくない。私は，旅人に食事や宿を提供するこの慣習が，難民の逃避行を支える一要素であったのではないかと推察している。

この慣習のお陰で，私は難民として暮らすカレンニーのことを彼らのなかで調査することができた。私からの料理が拒否されたのも，この慣習にもとづく価値観による。彼らにとって私は日本からやってきたゲストであり，彼らがホストである。ただし，彼ら自身は「ここは私の国である」と思っているわけではない。「管理される」難民には独特の生きづらさがあり，「他人の国で暮らしている」と悲観的にいわれることもしばしばである。

こうして私の調査は始まった。人類学者は調査対象者とラポール（信頼関係）を築いて調査をす

写真３　カレンニー料理
瓜と魚の缶詰スープ．

めるといわれるが、こうした私の「客」としての立場は、ラポールといえるのだろうか。フィールドによっては、「親族」の一員として迎え入れられ調査を進めていくこともあるが、そのような慣習や儀礼はカレンニー社会にはない。もちろんラポールの形は調査地によって多様で、「親族」の一員になることだけが信頼の証ではない。後述するようにこの調査地の文脈では「客」でありつつ調査をすることが、参与しながらも観察するというある種の矛盾を抱えるフィールドワークの姿そのものであった。

調査するにあたって、キャンプのなかで外国人が寝泊まりすることは基本的にはできないので、私はキャンプの外で暮らす元難民の家に居候をすることになった。寝泊まりをする家はいくつかあったのだが、おもに出入りをしたのは2004年来付き合いのある友人宅である。いったん誰かの家に転がり込んでしまえば、私は訪問者に対して「食べていきなよ」といえる立場になる。誘う側になってみると、食べていっ

表1　一日のタイムテーブル

時間	スケジュールが決まっている日	とくに予定のない日
6:30	起床	
7:00	朝食（適当にあるものを食べる or コーヒーのみ）	起床
8:00	バイクに乗ってキャンプの一セクションへ移動	ただ何もせず過ごす・メールのチェック・大切なデータをパソコンに打ち込む・洗濯・バイクの洗車・市場に買い出し・観光村の土産物屋の軒先で過ごすなど
8:30	焚き火を囲みながら談笑（12月の朝は冷える）	
9:00	難民の自助組織に関するインタビュー	
昼頃	昼食（インフォーマントと一緒に近くの家で or 食堂で麺類）	
午後	日中は暑いので出歩かない 適当に家々をハシゴする	
17:00～18:00	帰宅	※現在はスマートフォンや通信回線が普及し，わざわざインターネットカフェに行く必要はない．
19:00	居候先で夕食	
20:00	談笑・フィールドノートのまとめ	
22:00～23:00	就寝	

「・」で併記した箇所は，いずれかを実施．

て欲しいという面目がわかる。

表1は、フォーマルなインタビュー調査を実施していたころの、ある一日の過ごし方である。日中は暑くなり、話をしたり出歩いたりするのが億劫になるので、時間のかかるインタビューなどは午前中にすませるようにスケジュールを組むようにした。

調査が進み人間関係ができあがってくるにつれ、ホストとゲストという立場を含む参与観察の仕方は、相対的には親密性を示すものにみえてくるようになった。これは、NGO職員など他の外国人と難民との関係を理解するにつれ実感するようになった。

難民キャンプという調査地は、多くの外国人NGO職員の仕事場でもある。同じ外国人という立場でも、私とNGO職員とでは難民との関係性は異なる。NGO職員は支援者という立場上、難民からモノを受け取ったり接待を受けたりしてはならないことになっている。難民との適切な距離を維持し癒着を防ぐためである。このため1年以上の勤務経験のある職員でも、カレンニー料理を食べたことすらなく、このこと自体、私にとっては大きな驚きであった。業務規則からすれば当然であり、衛生感覚の違いから食べたがらない者もいるかもしれない。NGO職員との関係性では、彼らは難民で支援を受け取る側の客体であった。それに対して、私との関係性では、彼らはカレンニーであり彼らが主体であった。

NGO職員と難民は、与え手と受け手の関係にあり、両者を繋ぐのは支援である。それに対して、私とカレンニーとのあいだには支援という実利とは異なる、文化的な慣習にもとづく関係性がある。難民に大した支援をできないという負い目はあったが、しかし支援を通してしかかかわれない（と私には思えた）大多数のNGO職員に対しては優越感があった。支援機関はよりよい支援を提供するために、受益者を理解しようとする。しかしカレンニーではなく難民としての彼らと付き合わなければならない以上、理解の質は人類学者のそれとは異なるものになる。。

ともすればただの慣習でしかない食の作法をとおして、難民キャンプというフィールドで活動する複数のアクターの立ち位置や関係性をみることができた。

難民との付き合い方から学んだこと

カレンニー難民がタイ側で過ごしてきた20数年間、多くの外国人がボランティア、支援提供、取材、調査をとおして難民とかかわってきた。しかし、入れ替わり立ち替わり訪問する外国人とは対照的に、難民が置かれた状況は変わらなかった。難民自身が実感していることだ。この間、外国人とのかかわりから生まれたものは何か。過去の訪問者について語るさい、ほとんどの人びとは、遠くを見るような目で物憂げな顔をする。難民にかかわってきた外国人は、支援者としてのキャリアを積んだり、学位を取得したり、一つの人生経験を積み上げ、二度と戻って来ないのがほとんどである。

調査を通して気がついたことは、難民から何かを得てステップアップしていく外国人に対して「取り残された」と感じる難民の姿である。何かを得て去っていく外国人に、期待することは何もない。よって、筆者の調査に協力する必要も動機もないということが感じられることもあった。筆者もまた、いずれは去り、もう戻ってこない外国人の1人と思われていたのかもしれない。この場合、調査協力の「お返し」として支援をしたからといって信頼が得られるとは限らない。外国人が提供する支援は対価をともなう仕事でしかないと考えられている側面もあるからだ。こうした現場でも調査することができたのは、調査の最初期で彼らの文化的な規範のなかに身をおき、共食する、食事に誘う、断る、断られるという対面的な経験をすることができたからであろう。私の最初の失敗は、食の慣習にまつわるものであった。

あたりまえのことだが、調査対象者は難民というカテゴリーである前にカレンニーという人である。難民というラベルがひきおこすイメージは強く、調査計画を立てる段階でも、調査中でも、難民というネガティブで政治性にある言葉にひっぱられてしまいがちである。しかし、難民というカテゴリーではなく人として接して理解すると、おのずと付き合い方や見える世界が変わってくる。

人類学者が調査対象とするのは、社会の周縁におかれた人であることが少なくない。その点では、難民はオーソドックスな研究対象である。他の研究と同じように、人類学的な観点に則って人びとの営みを多角的に論じることができる。しかし難民の政治性ゆえに、難民に関する議論に対して「何のために」「誰に向かって」その主張をするのかという疑問をもたれることがある。ここに難民の特殊性がある。難民に関する調査では、難民というカテゴリーそのものと、彼らが人であることの双方をうまく架橋することが重要である。私が難民への調査から学んだことの一つである。

参考文献
久保忠行（２０１４）タイのカヤン観光の成立と変遷――観光人類学の枠組みを再考する――、『東南アジア研究』51-2, pp.267~296.
栗本英世（１９９５）政治―国家と民族紛争、米山俊直編『現代人類学を学ぶ人のために』世界思想社、pp.139~160.
速水洋子（２００９）『差異と繋がりの民族誌――北タイ山地カレン社会の民族とジェンダー』世界思想社.

9 サンゴ礁の海に暮らす

里見龍樹
SATOMI Ryuju

「ツナミ」からの避難

2011年7月、筆者は、南太平洋の島国ソロモン諸島を構成する島々の一つであるマライタ島で、4度目のフィールドワークに取り組んでいた。マライタ島の北東岸には、東西1〜4㎞、南北30㎞以上に渡って広大なサンゴ礁が広がっている（図1）。このサンゴ礁の海上には、ラウとよばれる人びとが岩石状のサンゴの砕片を積み上げて築いた人工の島々が点在している（写真1）。90個以上にも及ぶそうした「人工島」のそれぞれには、現在でも数人から数百人が暮らしている。筆者のフィールドワークは、ラウの人びとが続けてきたそのように独特な「海での暮らし」（写真2）——現地の言葉では「トーラー・イ・アシ」（*toolaa 'i asi*）——の実態と、現在そこに生じつつある変化について、文化人類学の立場から明らかにしようとするものだった。

ある日の午後筆者は、調査生活の拠点であるフォウバイタ村（仮名、「フォウバイタ」（*fou baita*）は「大きな岩」の意味）（写真3）の小学校校舎の日陰で、地元の男性たち数人と座っておしゃべりをしていた。フォウバイタ村は、海の上ではなくマライタ島本島の海岸部にある集落で、その沖合には右で述べた

写真１　ラウが住む人工の島

ような人工島が点在している。このおしゃべりのなかで、村に住む20代の男性ローレンスが、ちょうど４カ月前に日本で起きた東日本大震災を話題に出した。日本での震災のニュースは、発生の直後からラジオなどを通じてマライタ島にも届いていた。日本の大部分が津波の被害を受けたと思い込んでいたフォウバイタ村の人びとは、この年の６月に村を再訪した筆者に対し、口々に「ツナミのニュースを聞いて、私たちはあなたのことを本当に心配したんだよ」と話しかけてきた。

図１　ソロモン諸島マライタ島とラウの居住地域

写真 **2**　人工島からカヌーを漕ぎ出す

写真 **3**　フォウバイタ村の家々

しかし、この日ローレンスが話題にしたのはそのことではない。日本ではほとんど知られていないだろうが、震災の日、海を隔てたソロモン諸島でも全国に津波警報が出され、海岸部に住む人びとは慌てて高台に避難した。ラウの人びとももちろん例外ではない（なお結局、マライタ島では目立った津波被害は生じなかった)。ローレンスが話したのは、この警報を受けての避難のことだったのだ。

「あの日、ツナミの連絡を受けて、島(人工島)に住んでいる人たちはフォウバイタ村に逃げてきた。島の人たちや海辺に家がある人たちは、皆(高台にある)この小学校に避難して一晩過ごしたんだ。あの夜の海はおかしかったよ！海底がすっかり干上がるくらいの干潮で、しかも干潮がずっと続いた。島の人たちは、ふだんと違う潮の流れを感じたらしい。それで怖くなって逃げてきたという人たちもいたよ」。この話を聞きながら、筆者は、「おや、これと似た話を前にも聞いたような気がするぞ」と感じていた。人工島から逃げてきた人たち、小学校の校舎への避難……どこで聞いた話だったか……そうだ、思い出した！「ツナミ」からの避難についてのこの話は、村の高齢者たちがこれまでたびたび聞かせてくれていた、他ならぬフォウバイタ村ができたときのエピソードと驚くほど似ているのだ。

高齢者たちによれば、40年くらい前まで、現在フォウバイタ村に住んでいる人びとやその父母たちは皆、沖合の人工島に住んでいた。当時、マライタ島本島の海岸部には茂みと沼地が広がっているだけだったという。ところが、1970年代から1980年代にかけていくつかの大きな台風がこの地域を襲い、人工島上の多くの住居が倒壊したり、島の石積みが崩落したりといった被害が生じた。これを受けて「海に住むのが怖くなった」一部の人びとは、人工島を離れて海岸部に移り住んだ――これが現在のフォウバイタ村のはじまりだとされる。このような経緯について語るとき、高齢者たちは、人工島の人びとが暴風雨を逃れて海岸部に避難し、その際、現在でも使われている小学校の校舎に寝泊まりしたことを一様に証言する。先のローレンスの語りを聞いて筆者が気づいたのは、人びとが人工島から避難して小学校校舎で不安な一夜を過ごしたという「ツナミ」の夜の出来事が、30～40年の時を隔て、かつての台風からの避難を反復・再現するものとなっている、ということだったのである。

この語りと気づきのエピソードは、ラウの人びとの間での筆者のフィールドワークについて、いくつかの重要なことを示唆している。第一に、ソロモン諸島もその一部である環太平洋地域で頻発する地震や津波は、近年、人口増加による土地不足といった社会的な懸念とあいまって、ラウの人びとの間に、「自分たちは、人工島や海岸部にこのまま住み続けることができるのだろうか？」という深刻な不安の意識を植えつけている。繰り返される避難についての右のような語りは、ラウの「海での暮らし」のそのような揺らぎを、象徴的なかたちで示しているように思われる。第二に、日本で起きた「ツナミ」からの避難という右の出来事は、日本からやって来てラウの人びとの間で暮らす筆者の立場と、そのように不安な現状を生きるラウの人びとの立場を、「暮らすこと」をめぐる揺らぎの共有という思いがけない仕方で結びつけるものだった。これらのことを説明するために、次に筆者の調査地についてもう少し具体的に紹介しよう。

「海での暮らし」とフィールドワーク

筆者のフィールドワークの拠点であるフォウバイタ村（図2）は、マライタ島で唯一の町であるアウキから、トラックの荷台に揺られて4時間あまりのところに位置する。人口約260人という同村の規模は、現在のマライタ島の集落としては大きなほうである。村には、現在のような集落ができる前の1935年に設置されたカトリック教会があり、もともと教会付属の施設として始まった小中学校と小さな診療所が

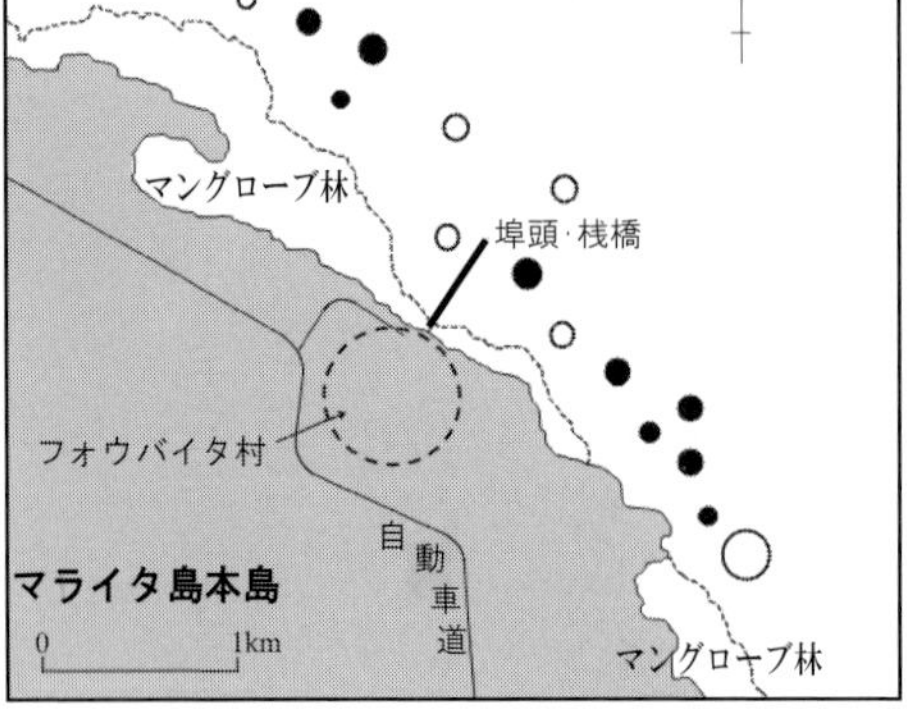

図2　フォウバイタ村とその周辺
●は有人，○は無人の島を表す．

現在も続いている。村内には近くの川の水を引き込む水道があるが、電気の供給はないため、筆者は、ソロモン諸島の首都ホニアラで買った太陽電池を使って調査内容をノートパソコンに記録していた。この村には、筆者のホームステイ先である、元小学校教師の男性とその妻（いずれも60代）が2人の幼い孫と暮らす家もある。

フォウバイタ村の沖には、見渡す限りのサンゴ礁が広がっており、そのなかに、先に述べたような人工島（写真4）が16個点在している。そのうち10個には、現在でも合計約190人が住んでいるが、残りの6個は無人になっていて、いずれも茂り放題に茂った樹木に覆われている。サンゴ礁が発達しているために、このあたりの海は、沖合数kmまで行っても水深1～3mとごく浅く、また台風でも来ない限り決して荒れることがない。晴れた日にフォウバイタ村や人工島の上から眺めると、深さの違いによって鮮やかな水色やエメラルド・グリーンなど異なる色に見える海が、どこまでも明るく広がっているのを見ることができる。人工島に住んでいるか海岸部

写真4　人工島の間を渡る人びと
右端に見えるのがマライタ島.

に住んでいるかを問わず、カヌーでの移動や潜水による魚捕りを日常的に行うラウの人びとにとって、このようなサンゴ礁の海はごく身近な活動空間としてある。

先にも述べたように、筆者のフィールドワークは、この人びとが営んできた独自の「海での暮らし」が現在どのような状態にあるのか、とくに、伝統的な祖先崇拝に代わるキリスト教の受容や、今日に至る現金経済の浸透といった一連の歴史的変化のなかで、この「暮らし」がどのように変容しつつあるか、ということをテーマとするものだった。このことを明らかにするために、「フォウバイタ村の沖合に点在する人工島のそれぞれは、いつ頃、誰によって建設されたのか」、「一部の人びとは、なぜ人工島から現在のフォウバイタ村に移住することになったのか」、あるいは「カトリック教会がこの地域に受け入れられる際には、人びとの間でどのような動きがあったのか」といった質問を、高齢者をはじめとする多くの人びとに繰り返し尋ねてきた。先に述べたフォウバイタ村の成立経緯も、こうした聞き取りを通じて明らかになったものである。

また、ラウの人びとの「海での暮らし」の実態を知るうえでは、伝統的に活発な漁を行うことで知られるこの人びととの漁業の現状や、食糧獲得のうえでそれを補足する畑仕事などの活動についての調査も重要となる。フォウバイタ村やその周辺では、現在でも自給性の高い生活が維持されており、人工島に住んでいる人びとも含め、それぞれの世帯が、サツマイモやキャッサヴァ、タロイモなど、この地域の主食であるイモ類を栽培する畑を本島海岸部にもっている（写真5）。また多くの男性は、週に数回、カヌーに乗って海に出て、副菜となる魚を手製の銛で突き捕ってくる。畑仕事やサンゴ礁での漁に同行して活動の様子を観察したり、イモや魚などの収穫量を計測・記録したりといった調査は、筆者のフィールドワークの重要な一部をなしてきた。

フィールドワーク中は、フォウバイタ村を拠点にして、村の高齢者宅を訪ねて話を聞いたり、沖合の人工島を訪ね、ある時は日帰りで、別の時には数日~数週間、島に滞在させてもらったりして調査を進めてきた。ホームステイ先の家にいる時には（表1）、朝は5時半くらいに起き出し、家のアドゥおばさんが用意してくれるサツマイモ——焼き石を使った石蒸し焼きという伝統的な調理法で調理されたもの——を朝食に食べる。朝食後、家の近くの水道で洗濯をすませると、事前にインタヴューを依頼してある場合には、筆記用具、カメラ、ＩＣレコーダーや水筒の入ったバッグをもって、そのイ

写真5　サツマイモ畑を耕す

表1　一日のタイムテーブル

5:30	起床
6:00	朝食（石蒸し焼きのサツマイモ）
7:00	洗濯（川の水を引いた水道で．だいたい一日置きに）
8:00	インタヴューに出かける（アポイントメントがある場合）．あるいは畑仕事や漁などの観察
12:00	帰宅して昼食（自分で米を炊くなど）
13:00	インタヴューや観察の内容をノートパソコンで記録
14:00	村の市場（週2回）に出かける．野菜・果物の買い物やおしゃべり
17:00	パソコンで日誌を書く．その後，水道で水浴び
18:00	夕食（石蒸し焼きやココナツ・ミルク煮の魚とサツマイモなど）
20:00	灯油ランプの下，近所の人たちとおしゃべり．あるいは携帯プレーヤーで一人音楽を聴く
22:00	就寝

ンタヴュー相手の家に出かける。日によっては、ここで村の誰かの漁や畑仕事に同行することになる。午前中いっぱいインタヴューなどをして家に帰ると、米を自分で炊くなどして手早く昼食をすませ、その日聞いた話や見てきたことをノートパソコンに記録する作業にとりかかる。これにはたいてい数時間かかる。夕方になると、その日の日誌を同じくパソコンで書き、水道で水浴びをする。夕食には再びサツマイモと、アドゥおばさんが市場で買ってきてくれた魚などを食べる。夜寝る前は、家を訪ねてきた近所の人たちとランプの灯りの下でおしゃべりをすることもあれば、一人で音楽を聴いて過ごすこともある。

「調査すること」と「暮らすこと」

見渡す限り広がるサンゴ礁の海と、人工島という独特の文化をもってそこに暮らす人びと――以上の説明を聞いた限りでは、筆者のフィールドワークは単純に「おもしろそう」なものと思えるかもしれない。もちろん、筆者もその魅力は否定しない。しかし実際には、マライタ島でのフィールドワークは苦労や悩みの連続だった。

とくにはじめの頃、筆者にとって最も根本的だった悩みは、ラウの人びとの日常生活と自分の調査活動の間に、乗り越えがたいギャップがあるように思われることだった。フォウバイタ村に住み込み始めてまもなく、筆者は自分が、現地の人びとと同じように暮らす――より正確には、暮らそうとする――ことと、現地の人びとならばふつうはしないであろう「調査」を意識的に行うということの、二つの活動を同時にしなければならないことに気がついた。前者に含まれるのは、村の人びとと同じ食べ物を食べたり、同じ川に水浴びに出かけたり、あるいは一緒に畑に行ったり漁に出たりといったことである。他方後者には、現地の人びとが日常的には話題にしないような祖先の系譜や人びとの親族関係、あるいは人工島にかかわる伝承の聞き取りなど、狭い意味での「調査」活動が含まれる。

重要なのは、このような「暮らすこと」と「調査すること」のうち、どちらか一方だけでは、人類学的なフィールドワークとして不充分だということである。すなわち一方で、単に調査地で「暮らす」だけでは、限られた期間中に必要な知識を得られないおそれがある。たとえば筆者の場合、フォウバイタ村と人工島の人びとの間の複雑な親族関係を把握するためには、数カ月間に渡る粘り強い聞き取りが必要だった。そのような「調査」なしには、フォウバイタ村のような集落が人びとのどのような結びつきにもとづいて成立しているのか、いつまでたっても理解できなかっただろう。他方で、歴史や伝統文化についての知識が豊富とされる高齢者など、特定の人びとへのインタヴューに偏った調査では、現地の生活について実態から乖離したイメージを描いてしまう危険がある。ラウの人びとは何も、祖先の系譜や村の歴史についてのおしゃべりばかりをして毎日過ごしているわけではない。人類学者には、「ふつうの」人びとが実際にどのような日常生活を送っているのか、たとえばどのように漁や畑仕事をしてどのようなものを食べているのか、ということへの視点も、つねに同時に求められるのである。

しかし、そのように「暮らすこと」と「調査すること」のバランスをとるということは、実際には決して容易ではない。すでに述べた通り、ラウの人びとの間では、畑仕事や魚捕りといった自給的な活動が日常生活の大きな部分を占めている。晴れた日の昼間、フォウバイタ村や人工島にいると、子どもや高齢者を除いた人びとが残らず畑や海に出かけてしまい、あたりに人影がほとんどなくなるということも珍しくない（写真6）。誰もいなくなった村に一人でいてもフィールドワークにはならないが、さてどうしたらよいのか。

人びとの畑仕事などに同行し、自分で同じことをやろうとしてみることは、たしかに重要な作業である。しかしそれだけでは、ラウの「海での暮らし」の歴史と現状についての理解は思うように進まない。運がよければ、こちらが質問を準備していたわけでもないのに、村の高齢者などがふとしたきっかけで人工島の歴史や人びとの親族関係について話をしてくれることもある。しかしたいていの場合、あらかじめ相手を訪ねて、「○○についてお話をうかがいたいのですが」と依頼することが必要になる。このような「調査」の際には、他の人びとが畑や漁に行っている間に、筆者と聞き取りの相手だけが村や人工島に残って話をしている、という状態がしばしば生じる。そうした聞き取りはたしかに有益なのだが、自分が現地の人びとの生活からずれたことをしているという違和感、そしてまた聞き取りの相手にもそれに付き合うことを強要してしまっているという罪悪感はつねに残る。

なお、フィールドワーク中の筆者を見て、ラ

写真 **6**　昼下がりの人工島

ウの人びとも、「〝調査〟とか〝人類学〟とかいうらしいが、サトミはいつもおかしなことをしているよ」と思っていたようだ。あるとき筆者は、フォウバイタ村の外れに住む高齢男性宅でインタヴューを終え、家に帰ろうと歩いていた。このとき、道端の木陰に、畑仕事から帰る途中の村の女性アフナ（20代）が座り込んで涼んでいた。アフナは、歩いてくる筆者を見るなり、「サトミ、アガロ（*agalo*）はどこにいるんだい⁉」と大きな声をかけ、アハハと屈託なく笑ってみせた。「アガロ」は、もともと「祖先」や「祖先の霊」を意味する単語だが、現在ではふつう、日本語の「お化け、幽霊」のような意味で使われる（たとえば夕暮れ時、母親が子どもたちに「アガロが出るから早く帰っておいで！」と呼びかけるのがしばしば聞かれる）。アフナは、筆者が高齢者宅で人びとの「祖先」の系譜などについて聞き取りをしてきたことを察知したうえで、「私たちがこうして畑仕事をしているときに、あなたは〝祖先〟だの〝お化け〟だのについて現実離れしたおしゃべりをしているなんて、まったくおかしなことだよ！」とからかってみせたのである。この悪意のないからかいに対して、自分の「調査」が人びとの「暮らし」からずれてしまいがちであることを痛感していた筆者は、「いや……」と口ごもることしかできなかった。

「海での暮らし」の揺らぎ

「暮らすこと」と「調査すること」の間のこうしたギャップは、筆者にとって、現在に至るまで根本的には解決していない。しかし、フィールドワークのなかでのいくつかの気づきを通じて、このギャップを乗り越える道筋がおぼろげながらも見えてきたような気がする。このことを説明する上でまず重要になるのが、サンゴ礁の海との密接なかかわりのうえに成り立ってきたラウの暮らしが、現在大きく揺らいでいるという事実である。

すでに述べたように、現在のフォウバイタ村の周辺では、1970～1980年代の台風被害を受けて、人工島から海岸部への集団的な移住が生じていた。この移住には、伝統的な祖先崇拝に代わるキリスト教の浸透など、同時期に起こった一連の文化的な変化もおそらくかかわっていた。ラウの「海での暮らし」は、この時期すでにはっきりと揺らぎ始めていたといえるだろう。

さらに、ラウの人びとは近年、これまでのような暮らしを今後も維持できるのかどうかについて、いっそう深刻な不安を抱くようになっている。この一つの背景に、過去数十年間に進んだ人口の急増がある(1970年に約5万人だったマライタ島の人口は、現在約13万5000人にまで増えている)。マライタ島のなかでもとくに人口密度の高い地域に住むラウの人びとは、近い将来、海岸部で畑を作るための土地が足りなくなるのではないかと懸念している。また、人口増加によって漁業が活発化し、そのためサンゴ礁内に魚が少なくなっている、という不安の声もしばしば聞かれる。

なお、マライタ島の伝統的な土地制度では、ある土地に最初に住み始めた人びととの子孫がその土地の所有者であるとされる。このため、もともと人工島に住んでいたラウの人びとにとって、フォウバイタ村のような海岸部の土地は、通常自らの所有地ではない。このような事情のため、人びとは、人口が増加し住居や畑のための土地が手狭になるにつれ、自分たちはこの「他人の土地」に住み続ける、あるいはそれを耕し続けることはできないのではないか、という意識を強めている。ラウは現在、「自分たちは、もはや〝海での暮らし〟を続けることができないのではないか？そうだとすれば、自分たちはどこに、どのように暮らすべきなのか？」という深刻な問題に直面しているのである。

これらに加え、メディアによって伝えられる地球温暖化や海面上昇、あるいは環太平洋地域で起こる地震や津波についてのニュースは、自分たちの「海での暮らし」が大きな危機に瀕しているというラウの意識をいっそう強めている。２０１１年にマライタ島を再訪した筆者に対し、ある30代の男性は、「人びとは最近、海に住むのを怖がっている。地震だのツナミだの、今の世の中ではいろいろなことが起こりすぎるから！」と語った。この言葉は、ラウの人びとが置かれている不安な立場を端的に示すものといえるだろう。ラウの「海での暮らし」が、現在このようにいくつもの理由から揺らいでいるという事実を認識するにつれ、筆者は、人びとの「暮らし」のそうした現状を明らかにすることこそが、自分のフィールドワークの最大の課題なのだと考えるようになった。

「暮らすこと」をめぐる揺らぎと共鳴

そのようななかで、冒頭で紹介した「ツナミ」からの避難のエピソードは、日本で起きた震災と、ラウの「海での暮らし」の現状を思いがけない仕方で直結することで、ラウにおける「暮らし」と、フィールドワーカーとしての筆者自身の「暮らし」の関係について、ある決定的な気づきをもたらしてくれた。そこで筆者が見出したのは、あくまで互いに異質なものにとどまっていたそれらの「暮らし」が、「ツナミ」をきっかけとしてともに揺らぎ、そうすることで共鳴し合うような関係である。どういうことか説明しよう。

フィールドワークを始めた当初から、ラウの人びとは繰り返し、筆者がなぜわざわざ日本からやって来たのか、村の家に住み込み、時には畑に行ったり海で魚を捕ったりといった生活をなぜしているのか、という疑問を筆者に向けてきた。たとえば人びとはことあるごとに、「私たちと同じ食べ物で、あなたは本当に大丈夫なんですか？」と心配そうな顔で尋ねてきた。こうした疑問に答えるうちにわかってきたのは、出身地とはまったく異なる環境に一人で暮らしている筆者に対し、人びとが一種の

「同情」とでもいうべき感情を抱いているということだった。右の問いかけであれば、それが意味しているのは、「私たちであれば、ふるさととまったく違った場所に暮らして、違った食べ物を毎日食べることなど耐えられないでしょう。あなたはそれで大丈夫なんですか？」という同情や思いやりの気持ちなのである。

興味深いのは、ラウの人びとが、フィールドワーカーとしての筆者をある意味で「自分たちと似たような」存在として理解し、そうであるがゆえにそのような同情を抱いていたと思われる点である。右で述べたように、ラウの間では今日、人工島であれ海岸部の村であれ、自分たちが現在の場所に暮らし続ける可能性自体が根本的に不確かなものと見られている。調査地に暮らすなかで筆者が気づいたのは、この人びとが、故郷を遠く離れて自分たちの間に単身住み込んでいるフィールドワーカーをも、「自分たちと同じように」不安定な暮らしを営む人物として理解しているということだった。たとえば、人工島出身の50代の女性はある時、フォウバイタ村や沖合の島々の歴史について筆者に説明するなかで、「私たちはよそ者としてここに住んでいるだけなんだよ。あんたと同じようにね！」といった。この言葉には、日本からやって来てフォウバイタ村に暮らすフィールドワーカーと、現在「他人の土地」に住んでおり、また近い将来、さらに別の場所で「よそ者」として暮らすことになるかもしれない自分たちを、端的に「似たような」存在と見る意識がはっきりと示されている。

こうした意識は、日本における人びとの暮らしとラウの「海での暮らし」が同時に揺るがされた2011年の震災の後、いっそう強められたように思われる。フォウバイタ村に戻ってきた筆者に対し、ラウの人びとは、津波でどのような被害を受けたのかと繰り返し尋ねた。言うなれば、人びとは筆者を、津波に襲われた日本を逃れ、はるばる異郷へとやって来た、あわれむべき一人の若者として迎え入れたのである。なお、首都圏に住んでいた筆者の生活も、震災によって事実大きく揺るがされた以上、そうした理解がまったく非現実的だったとは思われない。そのように、「フィールドワーカー」および（人びとの理解では）「ツナミからの避難者」として、通常の状態から二重に引き離され、揺り動かされた暮らしを営む筆者に対し、ラウの人びとは右で見たような同情を隠さなかった。そして冒頭の語りのエピソードは、そうした同情を支えていた、筆者とラウの間での、「暮らすこと」をめぐる揺らぎの共有とでもいうべき体験を、象徴的な仕方で示しているように思われるのである。

自らの「暮らし」と調査地の人びとの「暮らし」のそのような結びつきに気づいたことで、筆者は、ラウの「海での暮らし」の不安定な現状を、それまで以上に敏感に理解できるようになったと感じている。調査地での日常的な「暮らし」のなかの一見ごく些細なやり取り、たとえば「私たちと同じ食べ物で大丈夫なんですか？」という繰り返される問いかけのなかにも、この人びとの「暮らし」の現状について理解するための手がかりが潜んでいるかもしれない――そのように細かな注意を払いながら調査を進めることができるようになったのである。このような体験を通じて筆者が見出していたのは、他でもなく、フィールドワーカーとしての自らの「暮らし」それ自体が、現地の人びとの「暮らし」を理解するためのチャンネルになりうる、という可能性だったといえるだろう。

そのような可能性はまた、先に述べた、「暮らすこと」と「調査すること」の間のギャップを乗り越える道筋をも示唆している。すなわちフィールドワーカーは、調査地という異郷に自ら「暮らすこと」を通じて、現地の人びとにおける「暮らすこと」との間に一種の共鳴を引き起こし、そのような共鳴について記録し考察することができる。それこそが、フィールドワークによって「調査すること」の重要な一部なのだ。そのような共鳴を通じて、現地の社会や文化を一方的に「調査する」という仕方ではおそらく得られない視野を得ること。フィールドワークという方法の一つの可能性はここにある――筆者はそのように考えている。

編集後記

この本は、多様なテーマの巻から構成されている「100万人のフィールドワーカーシリーズ」の第11巻として出版された。企画の段階からさまざまな方々からの暖かいご協力を頂きながら、ようやく完成させることができた。

シリーズが企画され始めた当初より、衣食住をテーマにするこの本の発刊を早期に設定することが議論された。異国での衣食住はそれ自体で強烈な体験であり、フィールドワークの雰囲気や醍醐味を明快に伝えやすいため、全15巻のなかでもより多くの読者が手に取りやすいと見越したためである。また、長期調査を何度も行ってきたフィールドワーカーならば、皆がすでに豊富な経験と一家言をもっているため、その知的資源を掘り起こして文章で伝えていくのはそれほど期間はかからないのでは、という見込みがあった。第1巻に続き第11巻が発刊された理由は、以上のようなものであった。

本書を編集するうえで最も注意を払ったことの一つは、執筆者の選定である。編者の佐藤と村尾は、主たる専門分野が人類学であり、アフリカをフィールドとしてきた。佐藤は農業や食文化、村尾は農業や難民問題をテーマとしている。11巻の企画当初は、アフリカに偏らず、全世界のさまざまな地域におけるフィールドワークの衣食住について網羅的におさえた本をつくる構想を練った。それには、山・海・砂漠・森・極地が含まれていたほうがよい、「衣」「食」「住」のどれかに焦点をあてるのではなくいずれもが各章で触れられるべきだ、定住的な調査生活と移動的な調査生活の違いについても考える資料を提供したい……、などのアイディアを出し合っていった。とはいえ当然のことながら、世界各地のさまざまな事例すべてを1冊に載せるには限界があった。そこで、アフリカのフィールドへ長期間に渡って深く入り込む人類学者を中心に執筆をお願いしつつ、研究テーマやフィールドの多様性も配慮していく方針とした。そうして人類学の石本雄大さん、中村香子さん、里見龍樹さん、砂野唯さん、大橋麻里子さん、久保忠行さん、佐川徹さん、霊長類学の藤本麻里子さんに執筆をお願いし承諾を得ることができた。

その一方でぜひとも載せたいと思っていたのは、本書の多くの章で対象としている熱帯とは真逆の環境にある極地での衣食住である。これについては、北海道大学の澤柿教伸さん（第9巻編者）に相談し、極地での生活のエキスパートであるお二人を紹介していただいた。探検家・「極食」社長の阿部幹雄さんと国立極地研究所の菅沼悠介さんである。阿部さんのオフィスに原稿依頼の訪問をした際には、フリーズドライの料理を試食させていただき、まるで別世界にいるかのような美味しさに驚きを隠せなかった。菅沼さんの研究室を訪問させていただいた際には、端正な言葉の端々に、フィールドでの生活のシビアさと研究のスケールの大きさを強く感じることができ、アフリカでのフィールドワークとの共通点、相違点を知ることができた。

また、この本では、現代ならではの社会文化をテーマとしたフィールドワークを紹介したいと考えていた。とくに、フィールドワークにおける日常生活で「おしゃれ」をする経験を盛り込んでくれる方を探したところ、衣服を通じて西アフリカ文化を研究されている遠藤聡子さんに執筆を依頼することができた。

本書の執筆者の多くは、現在、博士号の取得直前、もしくは取得後数年の時期で、まさに調査研究に「脂が載っている」ときである。また、一年に数カ月のフィールドワークと論文・書籍執筆というサイクルのなか、調査地近くの町で電子メールを通じて編者とやりとりすることも多くあった。そうしたことがフィールドワークの日常に触れる各章の内容にさらなる臨場感を与え、本書を現地での肌触りが感じられるものとした背景にある。その反面、編者側は各執筆者の渡航予定に編集プロセスをうまく合わせることができず、添削や校正のお願いに手間取ってしまい、迷惑をかけてしまうこともたびたびであった。本書の内容の至らない点はすべて、そうした編者の力不足によるものである。

編集においてもう一つの苦労したことが、内容の統一的な配置である。フィールドワークに関するこれまでの書籍では、インタビューのしかたや適切な情報整理のしかたといった「技法」的な側面や、気づきや問いを研究として発展させる段階的なプロセスがしばしば述べられてきた。しかし、フィールドワークでの衣食住という日常に照射するからこそ浮かび上がる側面については、フィールドワークと研究とのかかわりのなかでも特に重要と指摘されつつも、複数かつ分野横断的な研究テーマが取り上げられることは少なく、あまり体系化されていないように思われた。そこで本書では、その衣食住をめぐって、信頼関係の構築、新たなテーマ開拓、日常生活を支える工夫、調査生活で見出す世界のつながり、という4つの軸を新たに掲げ、各章を配置することにした。ここではそれらの一般的議論を行うものではないが、衣食住をめぐる日常について、またその日常からフィールドワークを論じる切り口を提供するための試みとして、フィールドワークと各研究分野の関係の深化、さらにはフィールドワークをとおした分野横断的な新しい研究の醸成に、この内容構成が微力ながら貢献できれば幸いである。

さいごに、本書は、「フィールドワーカーは調査地で何をしているの？」という疑問をもつ一般の方とともに、フィールドワークをはじめて間もない学生、研究者の方にとくに手に取ってほしいと考えている。そして、本書を携えてフィールドに行ってほしい。現地での生活において解決がきわめて困難な問題に悩み、つまずいたときに、先達が何を考えてどう対処したのかがこの本に載っている。壁に直面し悩みぬいた多くのフィールドワーカーと同様に、各自の壁を乗り越え新たな知の探究に身をゆだねる面白さを一人でも多くの読者につかんでいただければと思う。

村尾るみこ ＆ 佐藤靖明

里見 龍樹（さとみ りゅうじゅ）　第9章執筆

1980年生まれ，岡山県出身．最終学歴：東京大学大学院総合文化研究科超域文化科学専攻博士課程単位取得退学．所属：日本学術振興会（一橋大学大学院社会学研究科）．
調査地：ソロモン諸島マライタ島．専門：文化人類学，メラネシア民族誌．
主な著作：論文「人類学／民族誌の「自然」への転回──メラネシアからの素描」『現代思想』2014年1月号．共著論文「身体の産出，概念の延長──マリリン・ストラザーンにおけるメラネシア，民族誌，新生殖技術をめぐって」『思想』2013年2月号（久保明教と共著）．
フィールドの好きなところ：見渡す限り広がる，信じられないほど美しいサンゴ礁の海．
フィールドにもっていく音楽：1960～70年代英米のジャズ，ロック．

藤本（ふじもと） 麻里子（まりこ）　第7章執筆

1979年生まれ，滋賀県出身．最終学歴：滋賀県立大学大学院人間文化学研究科生活文化学専攻博士後期課程修了，博士（学術）．所属：日本学術振興会特別研究員PD（京都大学）．
調査地：タンザニア．専門：霊長類学，動物行動学，アフリカ地域研究．
主な著作：分担執筆 *The Monkeys of Stormy Mountain: 60 years of Primatological Research on the Japanese macaques of Arashiyama.*, chapter15. Cambridge University Press, 2012, 分担執筆『インタラクションの境界と接続──サル・人・会話研究から』（第7章担当）昭和堂，2010年．
フィールドの好きなところ：サファリアリ，オオトカゲ，ヒョウなどさまざまな野生動物が日々生活空間を訪れてくれるところ．
フィールドの好きな食べ物：タンガニイカ湖の魚クーへの刺身，鶏肉の炭火焼き．

阿部（あべ） 幹雄（みきお）　コラム3執筆

1953年，愛媛県出身．最終学歴：北海道大学工学部資源開発工学科．
勤務先：株式会社極食．
調査地：南極，グリーンランド，ノバヤシビル諸島，カムチャツカ，千島列島，サハリン（以上，ロシア），知床，宗谷．専門：写真家，ビデオジャーナリスト
主な著作：単著『剥き出しの地球 南極大陸』新潮社，2012年，『生と死のミニャ・コンガ』山と渓谷社，2000年，『北千島冒険紀行』山と渓谷社，1991年，分担執筆『決定版 雪崩学』山と渓谷社，2002年．
フィールドの好きなところ：未知な世界であること，風を感じられる，匂いを感じられる．
フィールドにもって行く本：『世界最悪の旅』（チェリー・ガラード），『武士道』（新渡戸稲造），『エンデュアランス号漂流』（アルフレッド・ランシング）．

久保（くぼ） 忠行（ただゆき）　第8章執筆

1980年生まれ，兵庫県出身．最終学歴：神戸大学大学院総合人間科学研究科．博士（学術）．
勤務先：立命館大学衣笠総合研究機構．
調査地：ビルマ（ミャンマー），タイ，日本．
専門：人類学，移民・難民研究，地域研究．
主な著作：分担執筆『ミャンマー概説』めこん，2011年，『ミャンマーを知るための60章』明石書店，2014年，『社会的包摂／排除の人類学：開発・難民・福祉』昭和堂，2014年．
フィールドの好きなところ：人びとの生きぬく力．
フィールドにもっていく音楽：毎回異なる．音楽は後で思い出す情景とセットになる．

中村 香子（なかむら きょうこ）　　コラム2執筆

1965年生まれ，東京都出身．最終学歴：京都大学大学院アジア・アフリカ地域研究研究科．博士（地域研究）．所属：京都大学大学院アジア・アフリカ地域研究研究科．
専門：人類学，アフリカ地域研究．
主な著作：単著『ケニア・サンブル社会における年齢体系の変容動態に関する研究―青年期にみられる集団性とその個人化に注目して―』松香堂書店，2011年．論文 Adornments of the Samburu in Northern Kenya: A Comprehensive List. Center for African Area Studies, Kyoto University, 2005.
フィールドの好きな食べ物：酸乳，ヤギの肉（肩の付け根部分），ヤギ肉のスープ．
フィールドでのおしゃれのポイント：アフリカのプリント生地で仕立てた長いフレアのスカート．

菅沼 悠介（すがぬま ゆうすけ）　　第5章執筆

1977年生まれ, 長野県出身. 最終学歴：東京大学大学院理学系研究科地球惑星科学専攻修了．博士（理学）．
勤務先：国立極地研究所．
調査地：南極，ネパール，オーストラリア，イタリア，タイ，日本，世界中の海．
専門：第四紀地質学，古地磁気学
主な著作：なし．
フィールドの好きなところ：冒険的要素が残るプリミティブな自然科学の魅力が感じられること．
フィールドにもっていくもの：お酒．

石本 雄大（いしもと ゆうだい）　　第6章執筆

1979年生まれ，東京都出身．最終学歴：京都大学大学院アジア・アフリカ地域研究研究科博士課程修了．博士（地域研究）．
勤務先：総合地球環境学研究所
調査地：ブルキナファソ，ザンビア，ニジェール．専門：生態人類学，アフリカ地域研究．
主な著作：単著『サヘルにおける食料確保――旱魃や虫害への適応および対処行動――』松香堂書店，2012年．
フィールドの好きなところ：朝晩気温が下がり，ぐっすり眠ることができる点．
フィールドにもっていく本：随筆（向田邦子，内田百閒など）．

砂野　唯　　第 2 章執筆

1984 年生まれ, 京都府出身．最終学歴：京都大学アジア・アフリカ地域研究研究科博士課程．博士（地域研究）．
所属：京都大学大学院アジア・アフリカ地域研究研究科．
調査地：エチオピア．専門：地域研究，農学．
主な著作：論文「醸造酒パルショータを主食とする社会──エチオピア南部諸民族州デラシェ特別自治区において──」生き物生物学会『BIOSTORY』19, 号，2013 年．「エチオピア南部デラシェ社会における主食としての醸造酒パルショーター──醸造酒の栄養価と摂取量に注目して──」日本熱帯農業学会『熱帯農業研究』第 6 巻 2 号 , 2013 年．
フィールドでのおしゃれのポイント：ショッキングピンクの帽子とパーカー，チェックの防虫パーカー．フィールドにもっていくもの：のりと大麦若葉，サプリ，チワワのマロちゃんの写真と動画，防虫セット．

佐川　徹　　第 3 章執筆

1977 年生まれ，東京都出身．最終学歴：京都大学大学院アジア・アフリカ地域研究研究科博士課程修了．博士（地域研究）．
勤務先：慶應義塾大学文学部．
調査地：エチオピア．専門：人類学，アフリカ地域研究．
主な著作：単著『暴力と歓待の民族誌──東アフリカ牧畜社会の戦争と平和』昭和堂, 2011 年．
フィールドの好きなところ：さわやかな木陰．
フィールドにもっていく音楽：静謐な音楽．

遠藤　聡子　　第 4 章執筆

1975 年生まれ，茨城県出身．最終学歴：京都大学大学院アジア・アフリカ地域研究研究科．博士（地域研究）．勤務先：在コートジボワール日本国大使館．
調査地：ブルキナファソ．専門：アフリカ地域研究．
主な著作：単著『パーニュの文化誌──現代西アフリカ女性のファッションが語る独自性』昭和堂，2013 年．
フィールドの好きなところ：人の心のあたたかさ．
フィールドにもっていくもの：粉末だしと醤油．心温まるエッセイ．

【編者】

佐藤 靖明（さとう やすあき）　イントロダクション，編集後記執筆

1976 年生まれ，福島県出身．最終学歴：京都大学アジア・アフリカ地域研究研究科博士課程単位認定退学，博士（地域研究）．勤務先：大阪産業大学人間環境学部．
調査地：ウガンダ．専門：民族植物学，アフリカ地域研究．
主な著作：単著『ウガンダ・バナナの民の生活世界――エスノサイエンスの視座から――』松香堂書店, 2011 年．分担執筆『アフリカの料理用バナナ』国際農林業協働協会, 2010 年．
フィールドの好きなところ：ウガンダの調査村で，居候先のおばあさんがつくる料理が美味しいこと．とくにバナナの料理と魚の料理．
フィールドにもっていくもの：お土産用に，NTAKE Bakery の食パンを首都カンパラで買っていく．中身が詰まっていて大変喜ばれる．

村尾 るみこ（むらお）　コラム 1，イントロダクション，編集後記執筆

1977 年生まれ，兵庫県出身．最終学歴：京都大学アジア・アフリカ地域研究研究科博士課程単位認定退学．博士（地域研究）．
勤務先：立教大学大学院 21 世紀社会デザイン研究科．
調査地：ザンビア，アンゴラ．専門：人類学，地域研究，難民研究．
主な著作：単著『創造するアフリカ農民――紛争国周辺農村を生きる生計戦略』昭和堂, 2012 年．
フィールドの好きなところ：家や庭先でみんなが集まって長時間おしゃべりすること．
フィールドにもっていくもの：家で寝転がるときの友，キャンプ用のエア枕．

【分担執筆著者】

大橋 麻里子（おおはし まりこ）　第 1 章執筆

1980 年生まれ，神奈川県出身．最終学歴：東京大学大学院農学生命科学研究科博士課程在学中．
調査地：ペルー．専門：アマゾン地域研究，環境社会学．
主な著作：論文「アマゾンの氾濫原におけるバナナの自給的栽培――ペルー先住民シピボの事例から」『Biostory』vol.19, 2013 年．「森か畑かペルーのアマゾン」『海外の森林と林業』第 87 号，2013 年．
フィールドの好きなところ：プライベート空間がほぼゼロ．
フィールドにもっていくもの：おみやげ用の写真と森永ハイチュウ．

【編者】
佐藤 靖明　大阪産業大学人間環境学部勤務
村尾 るみこ　立教大学大学院21世紀社会デザイン研究科勤務

FENICS（Fieldworker's Experimental Network for Interdisciplinary CommunitieS）
シリーズ全15巻監修　椎野若菜

FENICSは学問分野や産学の壁にとらわれずフィールドワーカーをつなげ，フィールドワークの知識や技術，経験を互いに学びあい，新たな知を生み出すことを目指すグループ（NPO法人申請中）です．フィールドワークをしている，フィールドワーク／フィールドワーカーに興味のあるあなたもFENICSに参加してみませんか？ まずは以下のWebサイトをたずねてみてください．登録して会員になると，フィールドワーカーからWeb上で，メルマガで，あるいはイベントで生の情報を得ることができます。下記のHPにアクセス！
http://www.fenics.jpn.org/

FENICS 100万人のフィールドワーカーシリーズ　第11巻

書　名	衣食住からの発見
コード	ISBN978-4-7722-7132-5
発行日	2014（平成26）年6月25日　初版第1刷発行
編　者	佐藤靖明・村尾るみこ
装　丁	有限会社ON　臼倉沙織　http://www.on-01.com
発行者	株式会社 古今書院　橋本寿資
印刷所	株式会社 理想社
製本所	株式会社 理想社
発行所	古今書院　〒101-0062 東京都千代田区神田駿河台2-10
TEL/FAX	03-3291-2757 / 03-3233-0303
ホームページ	http://www.kokon.co.jp/

Copyright ©2014 Yasuaki Sato, Rumiko Murao
検印省略・Printed in Japan

1 フィールドに入る
椎野若菜・白石壮一郎　編

どうやって自分の調査地に入っていったのか? アフリカの農村から北極南極の雪原まで、調査初期段階のエピソードを中心に紹介。現地の協力者と出会い、多くを教えられ調査地になじんでいく過程を描くシリーズ入門編。

2 フィールドの見方
増田研・梶丸岳・椎野若菜　編

学問分野が異なれば、同じものを見ても、同じ場所にいても、同じテーマを扱っていても、考え方や分野の違いによってフィールドを見る眼が違ってくる。違いのおもしろさを発見し、研究の新たな可能性を探る。

3 共同調査のすすめ
大西健夫・椎野若菜　編

文理横断型の学際的な共同調査に参加することで、どのようなことに悩んだり苦労したのか、そして、どのような発見と自身の成長があったのか。フィールドワーカーの葛藤と飛躍を、共同調査の経験者たちが語る。

4 現場で育つ調査力
増田研・椎野若菜　編

フィールドワーカーの養成と教育がテーマ。初学者である学生に関心をもってもらうための工夫、専門家養成のためのさまざまな試みを披露する。調査技術の体系的伝授が先か? それとも現場力や行動力が重要なのか?

5 災害フィールドワーク論
木村周平・杉戸信彦・柄谷友香　編

被害軽減という社会的な課題のために、狭い分野にとらわれない多様なアプローチが災害調査には求められる。さまざまな分野のフィールドワークを見渡すとともに、災害の地域性を考えていく。

6 マスメディアとの交話
椎野若菜・福井幸太郎　編

研究成果を発信するとき、フィールドワーカーはマスメディアとかかわりをもつ。メディアに対して、どのようなスタンスをとればよいのか? 報道の結果に対して調査者たちはどのような意見をもっているのか?

7 社会問題と出会う
白石壮一郎・椎野若菜　編

調査をすすめていく過程で、その地域の社会問題と向き合わざるをえなくなったとき、フィールドーワーカーは何を感じ、どう行動したのか? 調査を通して社会問題が姿を変えながら浮上する局面を生き生きと伝える巻。

8 災難・失敗を越えて
椎野若菜・小西公大　編

予期せぬ事態にどう対応したのか? フィールドワーカーたちは、想定外の事件に遭遇したり、命の危険があるほどの失敗があっても、現場に対処しながらくぐりぬけている。今だから語れる貴重な体験談がおもしろい!

9 経験からまなぶ安全対策
澤柿教伸・野中健一　編

天変地異、病気、怪我、事故、政変、喧嘩など、予期せぬさまざまな危険からどう身を守るのか。「予防」と「対策」をテーマにした実用的な巻。個人レベルから組織レベルまで、安心安全のための知識と方法と教訓が役立つ。

10 フィールド技術のDIY
的場澄人・澤柿教伸・椎野若菜　編

現場での調査観測は、必ずしも予定通りに進まないことが多い。また思わぬ事象、現象、資料に遭遇することもある。想定外のチャンスを、現場で、また研究室でどのようにものにしたのか。その苦労、工夫を紹介する。

11 衣食住からの発見
佐藤靖明・村尾るみこ　編

現地の衣食住とかかわることで、思いがけないプラス効果やマイナス効果に出会う。その先に、次なる展開がまっていることも。衣食住をきっかけに、フィールドワーカーが成長し、研究テーマを深めていく過程を描く。

12 女も男もフィールドへ
椎野若菜・的場澄人　編

ジェンダーとセクシュアリティがテーマ。女性の苦労、男性の苦労、妊娠・出産・子育てしながらの調査、長期の野外調査と家庭の両立など、フィールドワーカーの人生の試行錯誤が語られる。

13 フィールドノート古今東西
椎野若菜・丹羽朋子・梶丸岳　編

情報化が進み、世界中のデータがデジタル化される現代にあっても研究者は手書きで記録を取っている。フィールドでの記録の手法を学際的に比べることで、フィールドノートのさらなる発展を期することを目指している。

14 フィールド写真術
秋山裕之・小西公大・村田悟　編

写真撮影を上達したいフィールドワーカーのために、一眼レフカメラによる写真撮影の基礎から、フィールドでの撮影条件を意識した主題を的確に描写するためのテクニック、芸術性の向上につながる写真術について概説。

15 フィールド映像術
分藤大翼・川瀬慈・村尾静二編

映像についての理論編、制作編、応用編からなり、フィールドワーカーが映像を活用するにあたっての注意点から、現地の人びととともにつくる映像、自然・動物を相手にした映像まで分野を横断したフィールド映像術。

FENICS
Fieldworker's Experimental Network
for Interdisciplinary CommunicationS

100万人のフィールドワーカー シリーズ

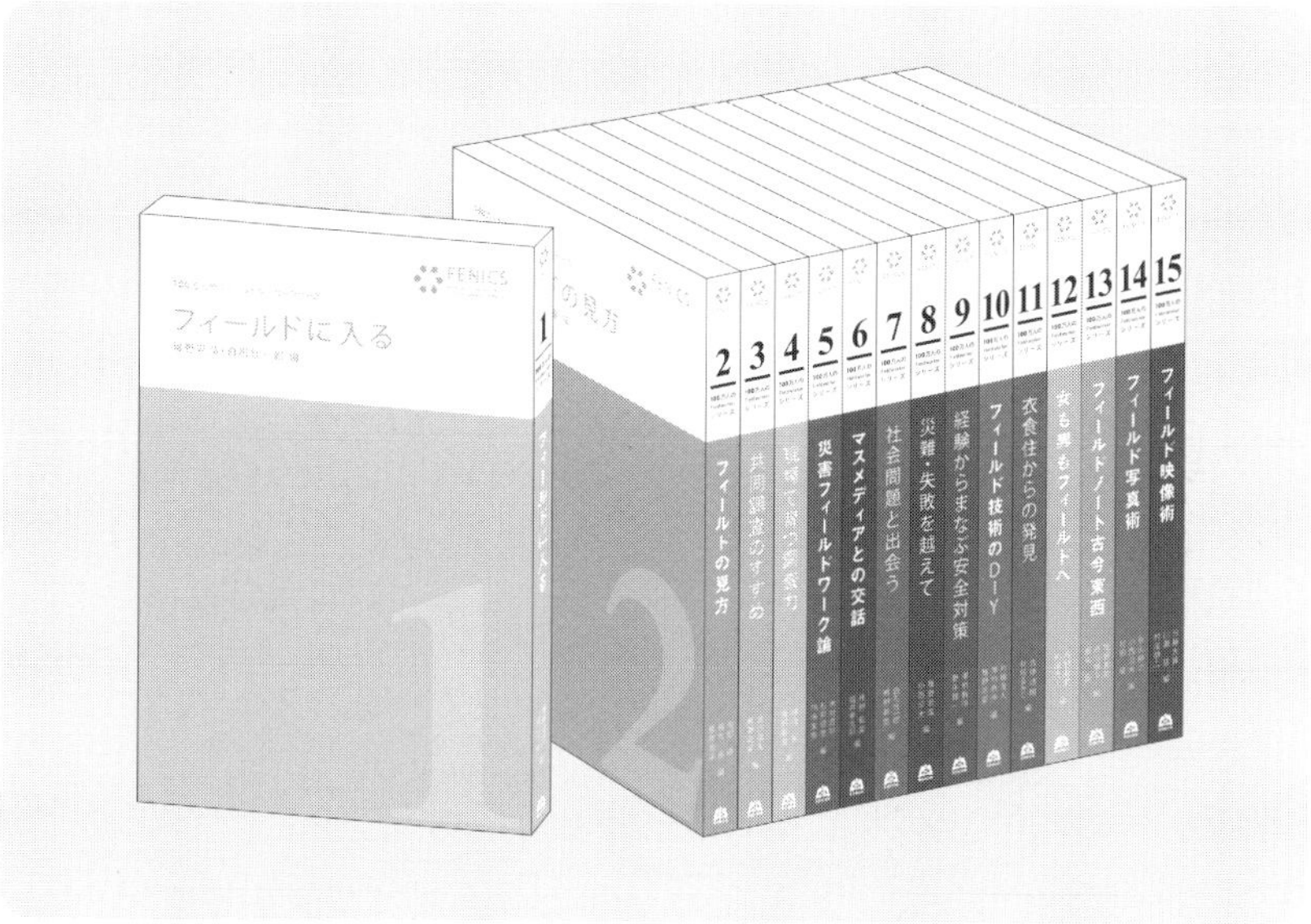

第1回配本　2014年6月発売

第 1 巻　**フィールドに入る**　本体2600円＋税
第11巻　**衣食住からの発見**　本体2600円＋税

第2回配本　2014年8月発売予定

第 2 巻　**フィールドの見方**
第 5 巻　**災害フィールドワーク論**

☆以下、2か月ごとに2冊同時刊行予定。2015年完結。

いろんな本をご覧ください
古今書院のホームページ

http://www.kokon.co.jp/

★ 700点以上の**新刊・既刊書**の内容・目次を写真入りでくわしく紹介
★ 地球科学やGIS, 教育など**ジャンル別**のおすすめ本をリストアップ
★ **月刊『地理』**最新号・バックナンバーの特集概要と目次を掲載
★ 書名・著者・目次・内容紹介などあらゆる語句に対応した**検索機能**

古　今　書　院

〒101-0062　東京都千代田区神田駿河台 2-10

TEL 03-3291-2757　FAX 03-3233-0303

☆メールでのご注文は order@kokon.co.jp へ